Collection « L'esprit économique »

fondée par Sophie Boutillier et Dimitri Uzunidis en 1996
dirigée par Sophie Boutillier, Blandine Laperche, Dimitri Uzunidis

Si l'apparence des choses se confondait avec leur réalité, toute réflexion, toute Science, toute recherche serait superflue. La collection « L'esprit économique » soulève le débat, textes et images à l'appui, sur la face cachée économique des faits sociaux : rapports de pouvoir, de production et d'échange, innovations organisationnelles, technologiques et financières, espaces globaux et microéconomiques de valorisation et de profit, pensées critiques et novatrices sur le monde en mouvement...
Ces ouvrages s'adressent aux étudiants, aux enseignants, aux chercheurs en sciences économiques, politiques, sociales, juridiques et de gestion, ainsi qu'aux experts d'entreprise et d'administration des institutions.

La collection est divisée en six séries :

Dans la série *Economie et Innovation* sont publiés des ouvrages d'économie industrielle, financière et du travail et de sociologie économique qui mettent l'accent sur les transformations économiques et sociales suite à l'introduction de nouvelles techniques et méthodes de production. L'innovation se confond avec la nouveauté marchande et touche le cœur même des rapports sociaux et de leurs représentations institutionnelles.

La série *Economie formelle* a pour objectif de promouvoir l'analyse des faits économiques contemporains en s'appuyant sur les approches critiques de l'économie telle qu'elle est enseignée et normalisée mondialement. Elle comprend des livres qui s'interrogent sur les choix des acteurs économiques dans une perspective macroéconomique, historique et prospective.

Dans la série *Le Monde en Question* sont publiés des ouvrages d'économie politique traitant des problèmes internationaux. Les économies nationales, le développement, les espaces élargis, ainsi que l'étude des ressorts fondamentaux de l'économie mondiale sont les sujets de prédilection dans le choix des publications.

La série *Krisis* a été créée pour faciliter la lecture historique des problèmes économiques et sociaux d'aujourd'hui liés aux métamorphoses de l'organisation industrielle et du travail. Elle comprend la réédition d'ouvrages anciens, de compilations de textes autour des mêmes questions et des ouvrages d'histoire de la pensée et des faits économiques.

La série *Clichés* a été créée pour fixer les impressions du monde économique. Les ouvrages contiennent photos et texte pour faire ressortir les caractéristiques d'une situation donnée. Le premier thème directeur est : mémoire et actualité du travail et de l'industrie ; le second : histoire et impacts économiques et sociaux des innovations.

La série *Cours Principaux* comprend des ouvrages simples, fondamentaux et/ou spécialisés qui s'adressent aux étudiants en licence et en master en économie, sociologie, droit, et gestion. Son principe de base est l'application du vieil adage chinois : « le plus long voyage commence par le premier pas ».

La République des travailleurs

Manifeste de l'association capital-travail
et de la réforme du capitalisme
par sa démocratisation

5-7, rue de l'École-Polytechnique, 75005 Paris

http://www.editions-harmattan.fr

ISBN : 978-2-336-64091-4
EAN : 9782336640914

Marc Verret

La République des travailleurs

Manifeste de l'association capital-travail et de la réforme du capitalisme par sa démocratisation

L'Harmattan

Du même auteur

Un cadre en révolte, Dunod, 2024.

« Le capitalisme dit : grâce au profit qui suscite l'initiative, fabriquons de plus en plus de richesses qui, en se répartissant par le libre marché, élèvent en somme le niveau du corps social tout entier. Seulement voilà ! la propriété, la direction, le bénéfice des entreprises dans le système capitaliste n'appartiennent qu'au capital. Alors, ceux qui ne le possèdent pas se trouvent dans une sorte d'état d'aliénation à l'intérieur même de l'activité à laquelle ils contribuent. Non, le capitalisme du point de vue de l'homme n'offre pas de solution satisfaisante. »

Charles de Gaulle, discours du 7 juin 1968

SOMMAIRE

PRÉAMBULE : LE MALAISE DE L'OCCIDENT

Depuis la fin des années 1990, l'Occident semble saisi d'un sourd malaise : qui sommes-nous ? À quoi servons-nous ?

Depuis les Lumières, l'Occident a bâti son identité sur l'idée qu'il pouvait apporter les moyens de la libération de l'aliénation, ce qui a établi son pouvoir intellectuel et culturel et lui a permis d'aller chercher les ressources nécessaires pour asseoir sa domination économique et militaire. Alors même qu'à la fin du XXe siècle, nous pensions que cet Occident avait définitivement réalisé son ambition de liberté, le début du XXIe siècle semble contredire cette fin de l'histoire.

Le malaise de la société de marché

La conversion à l'ultralibéralisme vient rompre cet espoir en construisant des sociétés à diverses vitesses, entre *ceux qui peuvent* et *ceux qui ne peuvent pas.* Ceux qui ne peuvent pas sont exclus et relégués dans la périphérie de nos sociétés (tant mentalement que géographiquement) ; leur liberté est niée. Comment peut-on imaginer un citoyen libre si celui-ci ne peut pas emmener sa famille en vacances, ses enfants aux concerts ou s'instruire sans que la question pécuniaire soit toujours le point de départ de sa réflexion… et, la plupart du temps, le point d'arrivée ?

La toute-puissance du marché a envahi la moindre parcelle de nos existences et régule celles-ci : les sites de rencontre, notre temps libre, notre santé, nos transports, notre instruction, notre mort. Le marché est partout et dicte l'ensemble de nos choix et des opportunités qui s'offrent à nous. Une société « freemium » s'est construite, permettant à ceux qui ont plus de moyens d'avoir davantage accès à une société démultipliée. Pour assurer l'acceptabilité de celle-ci, les résidus d'une société redistributrice (héritée de l'ordre mondial post-Seconde Guerre mondiale) persistent et assurent aux plus pauvres un filet de sécurité minimum… mais qui se réduit de plus en plus. Ce lent grignotage des possibles des plus pauvres n'occasionne que peu d'opposition pour plusieurs raisons : la lenteur du processus le rend presque imperceptible, aucune force politique ne vient apporter de réponse positive ou d'alternative, l'abrutissement des masses (orchestré par les élites) rend difficile pour celles-ci une conscientisation de leur propre condition.

Le malaise occidental, conséquence d'un libéralisme à outrance

La conséquence de la toute-puissance de l'argent est, en revanche, évidente : la promesse d'un monde libre où la raison gouvernerait les destinées des hommes s'est envolée… et avec elle, la force du message occidental. La contestation de son ordre provient principalement de cette remarque : « Occidentaux, vous souhaitez apporter la liberté, mais elle n'existe plus vraiment chez vous ! » Notre rayonnement au-delà de notre monde s'est tari, nous ne faisons plus rêver grand monde. Pire, le rêve s'est transformé en une mélancolie et un malaise intérieur. Nous avons perdu notre identité et notre âme.

L'archipélisation de la société, induite par le freemium, a broyé la bienveillance entre individus, et la défiance règne. L'autre n'est plus considéré avec intérêt et bienveillance, mais avec défiance. Ce grand malaise de la société occidentale entraîne un épuisement des individus qui, mis en concurrence de manière permanente dans tous les aspects de leurs vies, n'arrivent plus ou peu à trouver des espaces et des temps où ils se sentiraient en confiance. Cela crée inévitablement des réflexes identitaires et communautaires : puisque l'autre est *dangereux,* les individus recentrent leur socialisation sur ceux qui leur ressemblent. Le contrat social s'est érodé : la société ne garantit plus totalement la sécurité collective.

Avec l'effondrement des religions puis des idéologies, le matérialisme de nos vies a laissé place à une quête de sens que nous n'arrivons pas à résoudre : quelle est la finalité de l'Homme ? Et même, qu'est-ce que l'Homme ? L'incapacité des religions à se moderniser et l'impasse des idéologies ont laissé l'homme occidental au cœur de cette interrogation à laquelle notre matérialisme ne semble pas donner de réponse satisfaisante.

La stratégie du choc et les libertés

Le libéralisme, comme idéologie, éradique toute forme de frein au marché : il est une idéologie du déracinement : les valeurs religieuses, les traditions, la vision universaliste sont priées de laisser place au Veau d'or.

Ce constat rejoint l'analyse de Naomi Klein dans *la Stratégie du Choc.* Les travaux de la CIA dans les années 1960-1970 avaient conclu que les individus placés dans des situations de choc étaient plus à même d'accepter des choses qu'ils n'auraient pas consenties dans une situation « normale ». Cette conclusion avait été réutilisée ensuite par l'école néolibérale de Chicago pour construire la stratégie de l'avènement du nouveau monde : un choc économique, militaire ou géopolitique permet de déstabiliser les sociétés et les individus, rendant plus acceptable et quasi inévitable la solution libérale. Cette méthode fut testée dans de nombreux contextes, et notamment en Amérique latine dans les années 1970-1980.

Lors de la crise du Covid-19, les adeptes de la théorie du choc ont pu constater qu'elle était encore bien d'actualité.

Nul besoin d'avoir une vision complotiste de la gestion du Covid pour comprendre à quel point cette pandémie a permis de la tester jusqu'à l'absurde. La France, comme à son habitude, a été à l'avant-garde : le pays de Montesquieu, Rousseau et Voltaire a accepté une soumission totale et sans partage au marché, en faisant voler en éclats les derniers restes des Lumières via le pass sanitaire.

L'état de sidération et de lassitude du pays a conduit nos dirigeants à piétiner un ordre juridique et moral hérité et sédimenté depuis trois siècles : pourquoi ? Tout simplement car le marché devait régner *quoi qu'il en coûte*. Si le premier confinement avait conduit nos économies à se mettre en veille (occasionnant une baisse du PIB français de 19 % sur le premier semestre 2020), il était inconcevable pour les tenants du marché que cela puisse se poursuivre très longtemps. Lorsque les vaccins ont été disponibles, il a été mis au point une solution simple et incroyablement alléchante : la réouverture de l'ensemble des activités sociales devait être conditionnée au pass sanitaire, sans lequel il n'était plus possible de profiter d'un bon restaurant, de voyager, et même pour certains de travailler. La France a mis en place, et maintenu pendant un an et pour la première fois dans l'histoire de la République, un régime discriminatoire se fondant sur l'état de santé du citoyen… sans d'ailleurs respecter la notion de proportionnalité, puisque dès son introduction il était devenu évident que le vaccin avait une très faible efficacité dans la rupture des chaînes de contamination.

En revanche, cela a ouvert la voie aux tenants de la théorie du choc, vérifiant grandeur nature que leur théorie n'avait plus aucune limite : y compris les droits fondamentaux et inaliénables de l'Homme sont dorénavant solubles dans la société marchande (laquelle se confond avec la société puisque très peu d'activités y échappent). Il est étonnant de noter qu'à part les gesticulations de quelques groupuscules complotistes et quelques intellectuels éclairés (dont François Sureau), cette dissolution des libertés a été acceptée avec la bénédiction de la quasi-totalité des forces politiques du pays. Nous sommes revenus au temps de l'absolutisme ; cette fois-ci, c'est le marché qui est le monarque absolu.

Plus rien ne nous sépare des régimes autoritaires russes et chinois, le dernier rempart venant de s'éteindre : les libertés publiques et fondamentales sont désormais en sursis. Elles étaient héritières d'un monde équilibré où la liberté d'entreprendre et les échanges marchands faisaient tout autant société que le lien politique ou culturel. Les libertés qui ne seraient pas directement reliées au marché sont gênantes, d'une part car elles freinent l'activité marchande (il existe une sanctuarisation des activités exogènes), et surtout, elles maintiennent la possibilité d'une construction critique (liberté d'expression, de réunion, etc.). Le rouleau compresseur de la société marchande ne peut souffrir de telles menaces, il est donc nécessaire de les abattre. Le Covid a été une simulation en conditions réelles que les libertés ne sont plus l'une des caractéristiques essentielles clefs de l'Occident.

À la question : à quoi « servons-nous ? », le marché est en passe de définitivement tuer la dernière spécificité occidentale. Cela n'est d'ailleurs pas étonnant car, se pensant global, il est nécessaire d'harmoniser les cultures et les modes de pensée. À la fin des années 1990, certains ont pensé que cette globalisation des cultures se ferait via la *pax americana* et par l'avènement d'un monde de Liberté… en réalité, l'émergence d'un monde multipolaire a construit une harmonisation des cultures sur un point médian entre l'Orient et l'Occident. Autrement dit, le marché mondial a *chinoisé* la France plus qu'elle n'a *francisé* la Chine.

Les résurgences identitaires et religieuses

La dynamique ultralibérale a voulu éliminer toute présence religieuse. *De facto*, elle a réussi puisque nos églises se vident, les rites cultuels se font de plus en plus rares. Emmanuel Todd analyse le passage d'une pratique religieuse « zombie », où les rites hérités de notre tradition culturelle rythmaient encore nos vies (baptême, messe de Noël, mariage, enterrement religieux, etc.) mais dénués de sens mystique, à une pratique religieuse « zéro », où la religion a totalement disparu de la vie familiale et intime des individus. Le règne de l'argent a-t-il totalement éliminé les religions de notre monde ?

Il est attribué à Malraux cette citation apocryphe : « Le XXIe siècle sera religieux, ou ne sera pas ». Nous serions plutôt enclins à conclure que le XXIe siècle ne le sera pas ; cependant, à y regarder de plus près, c'est peut-être l'inverse qui est en train de se produire. Cela s'explique probablement par deux mécanismes. D'une part, le nihilisme des sociétés occidentales crée un vide spirituel que beaucoup souhaitent remplir, car la consommation et la vie matérielle ne leur suffisent pas à répondre à leurs besoins spirituels. D'autre part, certains y voient une manière de construire une alternative à un monde qui ne leur convient plus, qui les exclut ou qu'ils trouvent insatisfaisant.

On constate ainsi en France en 2024 une hausse de 46 % des baptêmes d'adultes par rapport à 2023, ou bien encore on estime à plus de 5 000 le nombre de conversions à l'islam chaque année en France. Même si ces chiffres semblent modestes, ils attestent qu'une dynamique s'enclenche, réinstallant le religieux comme une structuration possible de nos sociétés.

Ce retour du religieux apporte avec lui son lot de radicalités, comme en témoigne la popularité croissante des mouvements wahhabites/salafistes dans le monde musulman et des ultra-conservateurs évangéliques ou catholiques (le dernier exemple en date étant l'incroyable popularité chez certains fidèles du cardinal Robert Sarah, tenant d'une ligne rigoriste). La dynamique de l'histoire démentira peut-être cela, mais pour l'instant, la résurgence du religieux dans le monde occidental semble alimentée par les pans les plus radicaux. Les tenants du camp de la « raison » semblent bien impuissants face à ce raz-de-marée qui se prépare ; non seulement ils en sont la cause, mais en plus ce camp a perdu toute crédibilité en défendant corps et âme une société mercantile qui détruit l'humain, plus qu'il ne le construit. Le religieux (surtout dans sa frange la plus radicale) apparaît comme le dernier rempart face à l'autodestruction des sociétés.

Cette résurgence religieuse se traduit par une résurgence identitaire car la religion est l'un des éléments constitutifs de la culture, même dans un pays sécularisé comme la France ; mais également car la Nation, qui autrefois réunissait les Français, n'apporte plus l'unité entre individus. Les individus cherchent ce qui les relie aux autres et la réponse identitaire apparaît alors comme une évidence pour beaucoup.

Doit-on et peut-on laisser la contestation du modèle libéral dans les mains des seules religions ?

Cela serait une défaite terrible après plus d'un demi-millénaire de processus lents et progressifs de mise à distance des religions des réalités politiques. S'il est absolument nécessaire de garantir la liberté de conscience et de culte, il serait dangereux de laisser aux religions le monopole d'une contestation construite et idéologique des dynamiques néolibérales, notamment par la radicalité qu'elle comporte, mais aussi parce que les religions portent en elles-mêmes un néo-absolutisme. Par nature, il n'existe pas de contre-pouvoir à Dieu, si la société civile ne fixe pas ses limites, on peut craindre que la lutte contre le néolibéralisme ne se transforme en une lutte apocalyptique entre les tenants de l'ordre libéral et un absolutisme religieux ou identitaire.

C'est au contraire l'idée d'une (re)construction des contre-pouvoirs qu'il faut assurer face à la déferlante où plus rien n'arrête l'argent. Le contre-pouvoir doit venir de la société civile, autrement dit du peuple lui-même. Il s'agit d'esquisser un chemin organisé et institutionnel d'une alternative au combat entre l'absolu libéral et l'absolu religieux/identitaire. Cette troisième voie, comme celle que le général de Gaulle avait déjà ébauchée dans les années 60 entre le capitalisme et le communisme, devra allier le capital et le travail.

Cette transformation du modèle économique doit permettre à l'Occident de réaffirmer son message universel de libération de l'Homme et de donner une nouvelle définition à l'identité occidentale : la défense d'une société où l'initiative économique privée est encadrée par celui qui y contribue : le travailleur lui-même. Certains voudraient que l'on abatte définitivement le capital, cela semble être une chimère à court terme tellement le marché est devenu l'instigateur de nos vies. Ceux qui prévoient son élimination dans une courte perspective sont tout autant des charlatans que les libéraux qui ont voulu installer à marche forcée l'économie de marché dans l'ancienne URSS avec les conséquences désastreuses que l'on connaît : explosion de la criminalité, dislocation de l'appareil productif, effondrement de l' État et réponse autoritaire. Si l'on veut assurer les libertés publiques et le bonheur des peuples, il ne peut y avoir une élimination à court terme du capitalisme. Cela n'empêche pas de le penser et de le construire à plus long terme après l'étape intermédiaire de l'association capital-travail.

C'est dans la perspective de l'ébauche de la troisième voie productive que cet ouvrage souhaite s'inscrire, dans un premier temps en comprenant les ressorts du monde actuel qui la rendent inéluctable et dans un second temps les mécanismes institutionnels, économiques et financiers qui pourront la rendre possible. La construction de cette association capital-travail est une nouvelle manière de penser le schéma productif ; il est nécessaire de réfléchir aux conséquences économiques et financières d'un tel bouleversement et d'y répondre, à défaut de quoi le capital balaierait toute tentative alternative.

PARTIE I : LE TEMPS DES CONSTATS

CHAPITRE 1 : UN CHANTIER INACHEVÉ

La troisième voie est un serpent de mer de nos sociétés occidentales pour sortir de l'opposition entre capitalisme et communisme. Elle émerge à la fin du XIXe siècle lorsque face à un système économique créateur d'une misère urbaine absolue, il n'existe comme alternative que le marxisme balbutiant. Cette idée progressera rapidement tant le capitalisme sauvage laissera apparaître ses limites et le marxisme aura du mal à installer son inévitabilité. Elle finira cependant comme une voie de garage à la fin du XXe siècle avec l'avènement du libéralisme globalisé.

Rerum novarum

Même si l'idée de la régulation s'ébauche très rapidement (quasi concomitamment avec le développement de l'ère industrielle), c'est le 15 mai 1891 que naît politiquement une orientation médiane entre le marché et son anéantissement. C'est à cette date que sort l'encyclique de Léon XIII intitulée « Rerum novarum » constituant le texte fondateur de la doctrine sociale de l'Église.

L'Église a rapidement été confrontée à la question de son action dans le contexte de l'industrialisation. Son message d'attention aux plus déshérités ne pouvait plus se limiter à la charité chrétienne tant la misère était devenue endémique. *L'Union de Fribourg*, un cercle de réflexion paneuropéen constitué de Français (l'Œuvre des Cercles catholiques d'ouvriers), de catholiques sociaux autrichiens et allemands, réfléchit à partir de 1884 à donner une réponse globale à la misère industrielle.

Ce sont les membres de cette Union qui influenceront puis écriront l'encyclique de Léon XIII. La construction de ce texte se structure autour de deux constats. Dès l'introduction, le pape dénonce la misère et l'infortune imméritée du prolétariat ouvrier naissant, qui le plonge dans la servilité. Dans le premier chapitre, le pape refuse de céder au socialisme pour sortir le prolétariat de cette servilité. Il y dénonce la haine et la discorde apportées par cette solution, ainsi que pour lui la négation d'un droit naturel et fondamental de l'Homme : la propriété, renforcée par les besoins de la famille. Léon XIII pointe bien avant l'expérience soviétique l'incompatibilité des droits de l'homme et des libertés publiques avec le marxisme. Il propose une voie qui dépasse l'opposition capital-travail : l'encyclique propose un monde d'équilibres. D'un côté, Léon XIII souhaite pérenniser la propriété privée qui est un droit naturel de l'homme… mais rationalisée par la juste rémunération du travail, et d'autre part renforcer par la solidarité envers les plus pauvres et la libre association des travailleurs. La doctrine sociale de l'Église est née.

En France, un puissant courant catholique social se développera progressivement tout au début du XXe siècle avec la création de la CFTC (syndicat chrétien), des Scouts et Guides de France en 1920 et 1923, les actions dans le domaine du logement, des loisirs et les colonies de vacances, et irriguera le patronat français malgré une vision encore paternaliste, notamment dans les régions minières du Nord. Le patronat comprendra rapidement que pour limiter la contestation, il faut octroyer des conditions de vie convenables. Le Nord de la France se remplira de corons pour accueillir dignement, autant que possible, l'exode rural vers les nouveaux foyers de développement industriel.

Ce tournant social de l'Église permettra de sceller l'alliance entre la République et les catholiques, tous deux réunis dans la volonté d'adoucir l'existence des plus pauvres et d'arrondir les angles d'un système trop brutal. Certains catholiques reconnaîtront dans la République un agent de soutien actif à l'amélioration des conditions de vie des travailleurs.

Le réformisme de gauche

À gauche aussi, un chemin de traverse s'ébauche alternativement ou en tout cas parallèlement à la logique marxiste. Le mouvement ouvrier se fracture sur la stratégie à adopter pour imposer le progrès social en France.

Certains considèrent qu'il faut appliquer la logique de lutte des classes et que la réforme du système est inutile par nature, voire même dangereuse car elle amoindrirait l'énergie nécessaire à la révolution prolétarienne. En France, c'est surtout Jules Guesde qui fédérera *les guesdistes marxistes* puis les *blanquistes* tenants d'une action armée pour déclencher la révolution. Ces deux mouvances fusionneront ensuite dans *l'Unité Socialiste révolutionnaire* (1901) puis dans le *Parti Socialiste de France* (1902).

D'autres, *les possibilistes*, considèrent qu'il est possible d'aboutir à une transformation de la société par étapes et que la première étape est la réforme du système en arrachant le plus possible d'avancées sociales dans un cadre qui resterait systémiquement capitaliste. Certains pensent même « parvenir au communisme sans révolution, par le simple bulletin de vote » selon Fresnette Pisani-Ferry (1918-1984). Les possibilistes s'unissent en 1902 avec les socialistes indépendants pour former *le Parti Socialiste Français.* Les socialistes indépendants (dont fait partie Jaurès) vont sédimenter le mouvement réformiste autour de la République en considérant que celle-ci porte, par essence, le progrès social grâce à la portée de la notion d'émancipation.

Même si les deux clans de la gauche française finissent par s'unir éphémèrement lors du congrès du Globe en 1905, ils finiront par définitivement divorcer lors du congrès de Tours en décembre 1920. Il existe dorénavant deux manières de voir le progrès social : d'un côté la mouvance réformiste (les socialistes) qui croit en la République et dans la démocratie et de l'autre les tenants de la révolution (les communistes). Longtemps, cependant, les socialistes resteront eux-mêmes divisés sur leur orientation profonde : sur l'acceptation du capitalisme à court terme, sur la notion de propriété comme droit de l'homme, et sur la colonisation.

En 1936, devant la menace fasciste, le Parti communiste fera un premier virage vers la réforme en soutenant le Front Populaire. Même si cette évolution n'est pour l'instant que tactique, elle ouvrira la porte à la participation des communistes au sein de la Résistance et donc à leur conversion (définitive) à la République, et à la réforme.

La Résistance

La Seconde Guerre mondiale sera un accélérateur des dynamiques historiques en révélant les failles du capitalisme sauvage. Les causes profondes de la guerre sont diverses mais beaucoup considèrent que les inégalités causées par un modèle incontrôlé et destructeur sont l'un des facteurs principaux. Ce constat émergera progressivement à la fin du conflit.

Dans un premier temps, la guerre va unifier l'ensemble des républicains au sein des mouvements de résistance. Le combat contre le fascisme va être le lieu de rencontres des catholiques sociaux, des socialistes, des communistes, des gaullistes, et des syndicalistes. On retrouve cette diversité dans le florilège des réseaux de résistance, avant leur progressive unification en 1942-1943. L'unité de la Résistance, travail que l'on attribuera à Jean Moulin, sera un moment important car elle construira la fraternité des républicains sociaux des deux rives (gauche et droite). La fraternité combattante forgera l'idée d'un destin commun et d'un projet (au moins partiellement) commun. Au cinéma, Don Camillo (prêtre du village de Brescello, foncièrement anticommuniste) et Peppone (maire communiste du village) qui bataillent dans l'Italie d'après-guerre, étaient résistants. Cette expérience de la guerre a construit chez eux une amitié et une conviction de combattre pour la même chose : l'Homme.

Idéologiquement, la Résistance permet la conversion définitive à la République de certains courants politiques qui n'y étaient pas favorables initialement : les catholiques sociaux (formant également une partie des rangs gaullistes) et les communistes. La République apparaît comme un moyen universel permettant à chacun d'y trouver le but qu'il recherche. Pour les catholiques sociaux, elle garantit un équilibre des forces entre propriété et dignité des travailleurs sans plus menacer le rôle de la religion au sein de la société. La conversion des communistes est plus subie : les communistes ne peuvent pas se permettre de faire bande à part dans un moment aussi tragique. Ils perdraient l'adhésion des masses et leur crédit moral s'ils affaiblissaient le combat contre le fascisme mais c'est un tournant majeur. Les communistes acceptent l'idée (institutionnellement au moins) que la propriété est un droit fondamental, que le combat social s'effectue dorénavant dans le cadre des règles du système capitaliste et que la révolution peut s'effectuer dans le cadre du vote.

Le programme du Conseil National de la Résistance (« les jours heureux ») sédimente une synthèse audacieuse entre les différentes tendances de la Résistance autour de trois axes de régulation. Il institutionnalise une troisième voie entre le capitalisme sauvage et le communisme : l'État comme médiateur avec l'instauration d'un État-Providence, tout en restant dans le cadre capitaliste.

D'une part, l'État reprend le contrôle de la production dans les domaines stratégiques (« *Le retour à la nation de tous les grands moyens de production monopolisés, fruits du travail commun, des sources d'énergie, des richesses du sous-sol, des compagnies d'assurance et des grandes banques »).* Ensuite, la mise en place d'une sécurité sociale universelle (« *Un plan complet de sécurité sociale, visant à assurer à tous les citoyens des moyens d'existence dans tous les cas où ils sont incapables de se le procurer par le travail »).* Enfin, il ouvre le chantier de la participation des salariés à la direction des entreprises (« *Le droit d'accès, dans le cadre de l'entreprise, aux fonctions de direction et d'administration, pour les ouvriers possédant les qualités nécessaires, et la participation des travailleurs à la direction de l'économie »).*

L'État-Providence ou l'État médiateur

À partir de 1945, l'un des moyens très puissants de régulation du capitalisme est l'établissement de l'État-Providence. Le 4 octobre 1945, une ordonnance crée un régime général de sécurité sociale assurant à tout travailleur salarié la prise en charge des dépenses de santé, de retraite, de chômage et cogéré par les partenaires sociaux. Cette sécurité sociale, inscrite dans le programme du Conseil National de la Résistance est le fruit de la Seconde Guerre mondiale car dans les esprits, le capitalisme et le patronat ont failli par deux fois. Ils ont failli en étant incapables de créer des conditions de vie suffisantes pour éviter que les discours de haine ne se propagent. Ils ont également failli, pour certains, par la collaboration. C'est sur cette faillite morale que l'État-Providence va se bâtir et installer l'idée que la solution c'est l'État.

L'ordonnance du 4 octobre 1945 restera unique dans sa philosophie puisque c'est l'une des rares tentatives (avec la création des comités d'entreprise en février 1945) au cours de l'après-guerre de construire une participation des salariés à la gouvernance des questions qui les concernent. Très rapidement, l'État *souverain socialement* va s'implanter et le rôle (paternaliste) central qu'occupait le capital dans l'organisation de la vie des travailleurs va rapidement être remplacé par l'État. Cela est dans la logique d'après-guerre, l'État très interventionniste en cette période et face à la faillite morale du capital, occupe l'espace resté vacant. Le monde du travail est, lui, exsangue de la guerre et des sacrifices nécessaires à la reconstruction. Les deux forces productives sont affaiblies, c'est l'État qui prend le relais et incarne la troisième voie entre le capital démonétisé et une menace communiste toujours présente malgré la conversion des communistes à la République.

Au début des Trente Glorieuses (et cela jusqu'en 1968), les grandes victoires sociales viendront largement d'initiatives étatiques : institution du SMIG, lois sur l'assurance chômage. En 1973, le nouveau Code du travail constitue l'apogée de cette époque avec une volonté de régulation qui se matérialise via une doctrine normative renouvelée.

Cependant, au cours des années 1960 et 1970, l'État commence à céder progressivement de la place pour laisser de nouveau les forces productives décider de l'organisation du travail. Pendant cette période, le rapport de force penche plutôt du côté du travail du fait d'un haut niveau relatif de syndicalisation (20%) et de grosses mobilisations (par exemple pour obtenir les 3e et surtout 4e semaines de congés payés qui ont été initiées par les grèves dans les usines Renault) mais aussi car le patronat est encore fortement sous tutelle étatique (la plupart des grandes industries étant toujours sous contrôle de l'État). En conséquence, le grand patronat ne défendait que partiellement ses intérêts et était plus enclin à céder. Les forces du travail étaient soutenues jusque dans les années 1970 par un certain consensus politique (issu de la guerre) selon lequel l'organisation du travail devait profiter aux forces du travail conformément aux grandes orientations sociales du Conseil National de la Résistance. Les Trente

Glorieuses ont vu se succéder une séquence de l'État omnipotent à celle d'un État *grand frère* mais toujours avec une présence très forte, garantissant au travail une position de force.

De Gaulle et la participation

Au cours des années 1960 émerge l'idée que la construction de la troisième voie doit se faire en substituant l'État par les forces du travail. Un certain nombre de gaullistes de gauche, menés par René Capitant et Louis Vallon vont se fédérer au sein de l'Union démocratique pour le travail (UDT) qui fusionnera ensuite avec l'UNR (mouvement gaulliste) pour former l'UNR-UDT en décembre 1962. Cette mouvance va aider le général de Gaulle à établir sa doctrine sur le rapport de force capital-travail.

Il est issu d'une famille forgée par le catholicisme social avec un père fortement engagé au sein de la conférence Olivaint (cercle de réflexion catholique en particulier sur les questions sociales). Au cours de la guerre, il considérera (en ligne avec le consensus de l'époque) que le capital est décrédibilisé et il dira à l'occasion du discours d'Oxford de novembre 1941 que « La lutte des classes ! Elle est partout… Car c'est bien la question sociale, toujours posée, jamais résolue, qui est à l'origine des grandes secousses.» Autrement dit qu'il est, par nature égoïste dans la défense de ses intérêts, et l'une des causes de la guerre.

À la sortie de la guerre, De Gaulle aura comme obsession la résolution de cette contradiction entre travail et capital par l'association capital-travail ou la participation. Cette doctrine gaulliste se dessine par petites touches dès son retour écourté en 1947-1948 lors des discours de Strasbourg (7 avril 1947), de Saint-Étienne (4 janvier 1948) et de Marseille (17 avril 1948). Très vite, l'idée de De Gaulle est d'établir un lien d'égalité entre salarié et patron pour sortir de l'aliénation au travail.

Lors de son retour aux affaires en juin 1958, les questions socio-économiques paraissent être reléguées au second plan face aux urgences institutionnelles et à la guerre d'Algérie qui menace la sécurité nationale. Cependant tout au long des années 1960, le duo René Capitant - Louis Vallon, qui s'enrichira de l'apport du polytechnicien Marcel Loichot, tentera de pousser De Gaulle à la construction pratique de l'association capital-travail. Cela fut le cas partiellement par les ordonnances du 17 août 1967 qui instaureront la participation des salariés au bénéfice par un calcul mécanique permettant d'assurer qu'une partie des bénéfices des entreprises soit distribuée aux travailleurs. Ce premier domino n'enclenchera pas le grand chamboulement du « pan-capitalisme » voulu par le trio Vallon-Capitant-Loichot.

Après 1968, il voudra accélérer la mise en place de la participation mais il sera empêché par l'usure du pouvoir, se concluant par l'échec du référendum du 27 avril 1969. L'impasse de la réforme voulue par De Gaulle laissera le projet de troisième voie inachevé et sera inlassablement nié par ceux qui se diront « gaullistes » au cours des décennies suivantes (à de rares exceptions près) alors même que le projet de la participation est l'un des piliers du gaullisme. Rarement dans l'Histoire de France, un héritage politique aura été autant usurpé et vidé de sa substance.

La pause

À partir de 1973-1974 et surtout à partir du tournant de la rigueur de mars 1983, le projet de synthèse entre le travail et le capital se heurtera à la dynamique renouvelée du capitalisme qui retrouve par la dérégulation et la financiarisation de l'économie une raison nouvelle de justifier sa toute-puissance.

À gauche, comme à droite, les républicains se convertiront bon gré mal gré à l'inéluctabilité du marché et, donc, à l'impuissance publique de sortir l'Homme de son aliénation productive. La construction européenne sera le dernier clou dans le cercueil de ce projet politique né à la fin du XIXe siècle afin de rationaliser le capitalisme. L'Union européenne se fonde sur un schéma de libération des freins aux mouvements de capitaux et de marchandises qui installe la toute-puissance du marché. Pire, l'influence des lobbys et en particulier l'ERT (European Round Table of industrials) corrompt le fonctionnement de ces institutions en privatisant l'intérêt général sur l'autel de l'Europe et de l'entente des peuples. Là aussi, un énorme quiproquo et une trahison des élites permettent de justifier (pour un certain temps) la mise sous tutelle de la souveraineté des peuples et de la volonté de ces derniers de garder un contrôle sur l'économie.

L'un des symboles les plus puissants de cette abdication est la mise en concurrence dans le domaine des services publics de l'énergie et des transports. Alors que le consensus d'après-guerre avait décidé de sanctuariser ces activités hors du marché, l'Union européenne sous influence des lobbys industriels décide que la concurrence libre et non faussée doit pouvoir s'y inviter. Cela n'a rien d'un hasard, c'était l'un des derniers carrés de l'activité économique qui restait en dehors du champ privant ainsi le secteur privé d'une manne lucrative. Malgré la théorie des monopoles naturels qui justifie amplement, d'un point de vue rationnel, le maintien du monopole naturel de l'État pour des industries à fort coût fixe et avec des contraintes opérationnelles spécifiques (la continuité du service public oblige à une politique sociale spécifique pour attirer la main-d'œuvre), la France a accepté de sacrifier le dernier symbole de son modèle de régulation du capital. La troisième voie est désormais une voie de garage.

CHAPITRE 2 : LA MULTINATIONALISATION DES ÉCHANGES INÉVITABLE

Depuis la fin des années 80, la globalisation des échanges s'est installée. Construction logique d'un monde où les frontières s'effacent progressivement, elle est le fruit d'un faisceau de phénomènes qui finissent par estomper le rôle des États, et sacre le règne de nouvelles structures transnationales dans un contexte où l'autorégulation est devenue la nouvelle doxa.

La troisième mondialisation

On date souvent le début de la troisième mondialisation (la première étant celle des Grandes Découvertes du XVe siècle, la seconde celle de l'ère industrielle de la fin du XIXe siècle) de 1989 car il faut bien donner des dates symboliques. Cependant, cette mondialisation a été rendue possible par les réformes de libéralisation des marchés au cours des années 1980 permettant l'émergence de géants industriels à travers l'Occident. C'est en revanche dans la première partie des années 90 que la mondialisation des échanges va devenir une réalité. D'une part l'invention du porte-conteneurs va rendre le transport maritime peu onéreux et incontournable : le volume du fret maritime mondial passe de 4 000 millions de tonnes en 1990 à près de 11 000 millions en 2021 soit une quasi-multiplication par 3 des échanges maritimes en une génération.

D'autre part, les barrières douanières se sont effacées progressivement par l'Accord général sur les tarifs douaniers et le commerce de 1994 entré en vigueur le 1er janvier 1995. Le taux moyen des droits de douane était encore de 10-12 % dans les années 1970 aux États-Unis, il n'est plus que de 3-4 % en 2024. Cette politique volontariste de baisse des droits de douane permet aux échanges mondiaux d'être fortement stimulés, non seulement par une baisse des prix de vente mais également des coûts de production puisqu'un bien peut être fabriqué aux 4 coins du monde pour profiter des avantages compétitifs de chaque pays transformant la production mondiale en un vaste mécano géant.

Il en ressort que le taux d'ouverture (calculé comme étant la somme des importations et exportations mondiales divisée par 2, rapportée au PIB mondial) de l'économie mondiale passe de 17 % en 1985 à près de 30 % en 2024. En 40 ans, la part du commerce international a presque doublé. La production mondiale est devenue un vaste réseau d'interconnexions et d'échanges de biens et de services. Cette mondialisation des échanges concerne également les flux intangibles tels que les flux financiers qui vont connaître un essor spectaculaire par la libéralisation et la dérégulation des marchés financiers mais également par les flux d'investissement, ces fameux investissements directs à l'étranger (IDE) dont les montants vont être multipliés par dix entre 1990 et 2010 passant de 200 Mds $ à 2000 Mds $.

Un marché mondial

L'internationalisation des échanges s'effectue dans le cadre d'un marché mondial des biens et des services que l'on pourrait résumer par la maxime popularisée par la Conférence de Rio en 1992 : « Penser globalement, agir localement ». La mondialisation des échanges aboutit à une mondialisation des débouchés par la standardisation des marques, des produits, de la communication, du marketing et de la consommation. Il est ainsi possible d'acheter le même sac Hermès à Paris, Tokyo, Londres ou Shanghai.

Le progrès technique permet en revanche une adaptation des produits suivant les spécificités culturelles, ainsi il est possible de boire une Mahou au McDonald's de Madrid, de manger un croissant à celui de Paris ou du riz en Asie. La troisième mondialisation permet de « customiser » les produits assurant une plus forte adhérence de la consommation à ce marché mondial. C'est probablement ce qui rend cette mondialisation plus puissante et plus incontournable que les autres.

Un marché se définit comme étant un lieu de rencontre d'offre et de demande permettant les échanges de biens (ou services) aux caractéristiques similaires et donc substituables les uns aux autres. Cette mondialisation a créé une logique mondiale subdivisée en sous-marchés locaux sur lesquels s'échangent ces biens et services « customisés ». La globalisation des échanges a installé un marché à tiroirs compartimenté par sous-espaces culturels ou géographiques. C'est d'ailleurs pour cette raison que les lobbys industriels ont tant poussé à la création des unions régionales (UE, Mercosur, ASEAN, etc) : ce n'était pas en vue de créer des espaces de libre circulation des marchandises puisque les accords de l'OMC de 1995 le permettaient déjà fortement, mais c'était surtout pour créer des sous-ensembles régionaux de taille critique permettant la création de marchés, au sens décrit ci-dessus et de mettre en place des espaces où les biens et services soient totalement substituables les uns aux autres.

Cette logique à tiroirs favorise la production puisqu'elle rationalise la customisation à quatre ou cinq sous-types de produits et services. Elle permet l'existence d'un espace mental en poupée russe pour facilement passer de l'espace local à l'espace mondial, ce qui facilite un marketing et une logique commerciale mondiale. Les débouchés sont sans limite et croissent à mesure que croît la population mondiale solvable. La solvabilité étant une caractéristique critique de ce marché mondial, elle fut l'un des piliers de la politique de développement des grandes institutions mondiales (FMI, Banque mondiale, etc.). Au fur et à mesure que les théories néolibérales infusaient ces institutions, elles promurent des politiques d'ouverture au marché mondial et la construction de marchés intérieurs par la dette privée afin d'accélérer cette société de consommation mondialisée. L'implication des institutions internationales dans cette logique est souvent sous-estimée mais elle est la résultante logique d'une volonté politique de bâtir une organisation économique intégrée mondialement au profit des unités de production, à savoir les multinationales.

Les multinationales

Les multinationales sont la pièce maîtresse de l'ordre économique mondial, comme l'était jadis l'État. Elles organisent la production mondiale des biens et services directement par leur production propre ou indirectement par leur chaîne de valeur, car de nombreuses PME ne sont en réalité que les pièces détachées du tentacule des multinationales et sont totalement (ou très fortement) dépendantes. Cela est particulièrement le cas pour les entreprises de sous-traitance (ménage, sécurité, télévente, etc.).

Une firme multinationale est une entreprise qui a des filiales de production localisées dans différents pays. Elles sont, la plupart du temps, de taille intermédiaire ou parfois de grandes entreprises. Elles structurent l'activité économique : selon l'Insee en France elles représentent 42 % de l'emploi salarié et 56 % de la valeur ajoutée créée par le secteur marchand en 2022 (cela n'inclut pas les emplois/valeur ajoutée indirects des chaînes de valeur) … pour seulement 0, 9% des entreprises. Certaines entreprises produisent un chiffre d'affaires supérieur au PIB de certains États. Apple, par exemple, a un chiffre d'affaires de 390 milliards de $ en 2023 soit supérieur au PIB de la 40e puissance économique mondiale.

De plus, les multinationales tendent à concentrer le marché par la formation d'oligopoles voire de véritables monopoles. Les économies d'échelle colossales liées aux débouchés mondiaux permettent de réduire les coûts et donc les prix de vente ce qui donne un avantage compétitif très substantiel sur les concurrents. Le marché fonctionnant selon le principe de la loi du plus fort, c'est l'entreprise qui réussit le plus à internationaliser son activité qui s'assure la survie et donc d'éliminer les concurrents. Cela a pour conséquence d'assécher la concurrence et de réduire le nombre d'acteurs à quelques unités. Il se constitue alors des oligopoles (petit nombre de vendeurs ayant le monopole de l'offre, les acheteurs étant nombreux) ce qui produit une dépendance très forte vis-à-vis de quelques acteurs rendant notre économie captive de ces multinationales… posant des questions de souveraineté lorsque ces multinationales sont sous contrôle étatique comme c'est le cas avec les multinationales chinoises.

Et c'est logique : la puissance économique devient très rapidement une influence politique. Les décisions politiques influençant fortement l'activité économique, les firmes multinationales ont décidé de peser sur ces décisions politiques via les activités de lobbying qui ont été institutionnalisées dans les deux centres de pouvoir occidentaux situés à Washington et à Bruxelles (respectivement pour les États-Unis et l'Union européenne). Ces activités posent des questions de démocratie puisque de nombreux élus doivent faire face aux chantages des multinationales : soit vous obtempérez soit on transfère nos unités de production vers des zones à rentabilité plus forte, avec la dépendance créée par les oligopoles, c'est un chantage imparable. Les multinationales deviennent de véritables acteurs des relations internationales et influencent l'ensemble des secteurs de la vie des citoyens. Elles tentent de marchandiser le plus possible la société via la logique des espaces régionaux évoqués dans la partie précédente.

Les délocalisations

Les multinationales ont largement modifié l'organisation de leurs productions et de la production mondiale par une logique de prédation des peuples et des Nations. Elles adoptent une logique de « cost killing » agressive en découpant la production des biens et services par segments afin de pouvoir localiser la production dans les zones géographiques ou pays où la production de chaque segment sera la moins chère. Nous avons tous en mémoire ces fameux cours de géographie qui montrent le voyage caractérisant la vie d'un t-shirt : la cueillette du coton a lieu aux États-Unis, la fabrication en Asie, la commercialisation en Europe et le marché d'occasion en Afrique.

Il s'ensuit trois conséquences importantes : d'une part une spécialisation des économies à outrance, une guerre à la baisse des coûts salariaux, enfin un dumping fiscal devenu un véritable jeu mondial.

La spécialisation de nos économies permet selon David Ricardo (1772 – 1823) de réduire les coûts de production car il existe des gains de productivité créés par les effets d'apprentissage et les économies d'échelle. Cependant, l'économiste D. Ricardo n'avait pas anticipé la segmentation de la chaîne de production : un pays peut se spécialiser dans une activité productive de la chaîne de production et non plus seulement dans la production d'un type de produit en particulier. Il s'ensuit une double spécialisation : du type de produit (la France dans le luxe, les États-Unis dans les produits technologiques, etc.) mais également du segment de production (production de matières premières, fabrication de sous-ensembles, assemblage final, stockage etc). Cette spécialisation matricielle crée une spécialisation à outrance et occasionne les délocalisations d'activité productive, augmentant d'autant plus la dépendance aux multinationales. Un pays ne produisant quasi exclusivement que ce dans quoi il obtient des avantages compétitifs. Cela ne serait pas problématique si certains secteurs productifs étaient protégés de cette logique vorace, comme des secteurs aussi vitaux que la santé, l'énergie ou l'agriculture mais ce n'est pas le cas, occasionnant des problématiques de souveraineté et d'accès à ces produits stratégiques/vitaux. Nous l'avons bien vu en France avec le manque de masques lors de la crise sanitaire du Covid-19.

L'autre jeu favori de ce grand mécano mondial est le dumping social et fiscal. Deux pays ayant des spécialisations très proches n'ont plus que le coût du travail et leur fiscalité pour se différencier et attirer les unités de production des multinationales. Les délocalisations se réalisent dans une frénétique course à qui aura le coût du travail le plus faible, idem pour la fiscalité. Les États-nations sont devenus les contremaîtres des multinationales afin de leur assurer la plus forte des rentabilités. À ce titre, l'exemple de la Hongrie est probablement l'exemple le plus criant de cette soumission absolue. Elle a conclu un pacte au début des années 2010 afin d'assurer aux multinationales (en particulier allemandes mais aussi chinoises) une modération des coûts du travail et une quasi-amnistie fiscale pour toute entreprise qui implanterait ses usines en Hongrie. Résultat : le pays qui était le plus prospère des « nouveaux » États membres lors de l'élargissement en 2004 est devenu le pays avec le coût du travail le plus faible de la région … mais la Puszta hongroise regorge désormais d'usines d'assemblage de Mercedes, BMW ou Audi.

Les structures étatiques dépassées

Les structures étatiques sont totalement dépassées par cette mondialisation et en particulier par la puissance des multinationales. La régulation des États est totalement sabordée par les sous-jacents économiques construisant les multinationales (les économies d'échelle, la concentration du marché, la mondialisation à tiroirs permettant des débouchés illimités) puis par la stratégie de ces multinationales (les délocalisations créant une surspécialisation des économies et une pression à la baisse sur les salaires et la fiscalité). L'État devient, par la structure même du fonctionnement de l'économie, soumis aux multinationales. C'est d'ailleurs ce que Karl Marx et Friedrich Engels décrivaient déjà dans leur analyse de l'économie politique au XIXe siècle : l'infrastructure (les rapports de production) domine la superstructure (l'État). Cela est d'ailleurs d'une logique implacable puisque la tentative de rationalisation du capitalisme a échoué… l'analyse marxiste de la société industrielle naissante de la fin du XIXe siècle retrouve toute son actualité au XXIe siècle.

Face à cette soumission de l'État, il existe deux stratégies principales existantes pour l'instant. La première des stratégies est de favoriser l'implantation des sites de production sur le territoire national et de jouer le jeu de la mise en concurrence entre États. L'État doit alors favoriser soit la spécialisation de son économie soit agir de façon à réduire les coûts de production via des politiques dites de dévaluation interne (donc de maîtrise voire de baisse des salaires ou de la protection sociale) ou de réduction massive des impôts. Cette stratégie est particulièrement efficiente pour les petits états puisqu'ils peuvent jouer une stratégie de volume c'est-à-dire que la perte des rentrées fiscales est compensée par le volume des flux des nouvelles implantations de multinationales. Dans l'Union européenne, on peut citer l'Irlande et Malte qui ont su être à l'avant-garde de cette stratégie en matière fiscale. Le PIB (c'est-à-dire la valeur ajoutée produite sur le territoire national) irlandais est deux fois supérieur au PNB (la valeur ajoutée produite par les entités ou citoyens nationaux de l'Irlande). L'Irlande a donc réussi à « produire » deux fois plus grâce à une fiscalité réduite au maximum ; et parallèlement à cela, la dette de l'État est passée de 120 % en 2012 à près de 35 % en 2025, rarement un tel désendettement en Europe de l'Ouest a été observé… mais au détriment des autres États. Selon la Commission européenne, ces techniques d'optimisation fiscale (dites de prix de transfert) ont coûté plusieurs dizaines de milliards d'euros aux autres États européens. Conclusion : se hasarder au jeu de la concurrence entre États se solde par une perte nette pour ces derniers.

L'autre stratégie possible, c'est la construction des multinationales étatiques ou paraétatiques, et c'est en particulier la stratégie choisie par la Chine avec ses plus grands fleurons (China National Petroleum, BYD par exemple). Le but est de maintenir les avantages produits par la mondialisation dans les mains des états ce qui paraît logique puisque la mondialisation produit par nature une construction oligopolistique du marché donc une forme non parfaite de concurrence. De plus, politiquement cela se justifie par les très larges effets induits par les multinationales, de telle sorte que seul l'État (et donc le peuple) peut avoir la légitimité de l'organiser. Elle est peu courante en Occident mais elle mériterait d'être évoquée notamment par le biais d'éventuelles nationalisations. Cependant, une stratégie entièrement fondée sur l'étatisation des multinationales n'est que peu réaliste à court terme en Occident vu l'importance des libertés.

Le processus de mondialisation est par beaucoup d'aspects irréversible en particulier par les avantages économiques intrinsèques qu'il apporte au système productif (économie d'échelle, débouché illimité, tendance naturelle à un marché oligopolistique). Autrement dit, il n'existe pas aujourd'hui d'alternative qui serait économiquement plus optimum que la mondialisation. Ceux qui rêvent ou militent pour une démondialisation structurelle, souhaitent un effondrement de l'appareil productif similaire (probablement moindre) à l'effondrement de l'appareil productif sous influence soviétique. Le Comecon, créé en janvier 1949 par Joseph Staline a constitué une organisation économique entre l'URSS et les pays socialistes européens. Celui-ci apparaît, déjà par bien des aspects, comme un modèle proto-mondialisé avec un marché intérieur important, une forte spécialisation des pays (la Tchécoslovaquie produisant des tramways et voitures avec Skoda, la Hongrie des bateaux de navigation fluviale et les bus (Ikarus) et la Pologne les bateaux de navigation côtière (avec les chantiers navals de Gdansk)) et constituant ainsi un monopole. Même si le débat doit exister sur le type de production (est-il nécessaire d'avoir une industrie du luxe si importante ?) ou sur les moyens de production (est-il nécessaire de produire du charbon pour produire de l'électricité ?), une démondialisation généralisée de la production ne peut être envisagée sans son corollaire : hausse des coûts de production entraînant les faillites et fermetures des unités de production, chômage et pauvreté. Même si certains piliers de la troisième mondialisation peuvent être mis à mal, tel que le retour des droits de douane en 2025, tant que la production mondiale se fera par les multinationales… la mondialisation continuera à fonctionner selon sa logique économique propre.

Cependant, il peut et doit exister dans le cadre d'une discussion démocratique la question de la relocalisation de certains biens et services de nature stratégique et indispensables à la population ou au fonctionnement de l'État telles que l'énergie, la production pharmaceutique, la fabrication des composants électroniques, l'agroalimentaire, la chaîne de valeur des produits de défense etc. Tout comme la fermeture à la concurrence dans les services publics, ces deux axes peuvent encadrer la mondialisation afin d'éviter les dérives les plus absurdes. Nous verrons dans la 2ème partie du livre que si l'État ne peut plus totalement assurer son rôle de régulation du système productif, c'est alors aux salariés eux-mêmes d'organiser ce contre-pouvoir mais l'État ne retrouvera probablement jamais (en tout cas pas en temps de paix) le rôle tout puissant qu'il avait pendant les Trente Glorieuses. C'est aussi la conséquence directe d'une paix, a priori, éternelle entre grandes puissances permise par le parapluie nucléaire. Malgré le retour des affrontements entre États, l'interventionnisme étatique qui se justifiait dans un contexte de guerre, n'est plus le cas dans un contexte où la guerre mondiale n'est (pour l'instant) pas du tout à l'ordre du jour. Le rôle régulateur de l'État ne se justifie pas autant que lors de la période 1945-1975.

CHAPITRE 3 : UN DIALOGUE SOCIAL À L'ARRÊT

Si l'État fait face à son impuissance à réguler le capitalisme financier, le dialogue social ne permet plus, lui non plus, de freiner les excès du système économique laissant orpheline la défense des intérêts des travailleurs.

La volonté du paritarisme

Dans l'après-guerre, le modèle social français se fonde, en partie, sur le paritarisme inspiré des lois bismarckiennes des années 1880 (cotisations sociales et gestion paritaire des organismes sociaux). Cela signifie qu'un certain nombre d'organismes sociaux, de formation, de mutuelles sont gérés à égalité entre représentants patronaux et salariaux. C'est d'ailleurs l'esprit de la Sécurité sociale installée par le Conseil National de la Résistance. La cogestion des organismes sociaux et des branches professionnelles élimine définitivement le paternalisme, et installe la légitimité des représentants des salariés et des syndicats dans le paysage institutionnel français… qui sera ensuite sacralisé via le Conseil économique et social (CES) (devenu CESE – Conseil économique, social et environnemental) dans la Constitution de la IVe République.

Cette volonté paritaire va infuser l'ensemble des échelons du dialogue social puisque le 22 février 1945, une ordonnance crée les comités d'entreprise. Il n'est alors question que d'un droit d'information et de consultation sur les orientations économiques, sociales et stratégiques de l'entreprise. Ce comité d'entreprise nomme également un représentant au conseil d'administration dans les entreprises de plus de 500 salariés. Certains trouveront les prérogatives du comité d'entreprise bien faibles face à la promesse paritaire du programme du Conseil National de la Résistance mais cela s'inscrit dans un cadre institutionnel où la hiérarchie des normes sacralise alors les accords de branche, qui fonctionnent sur le modèle paritaire. La vision d'après-guerre s'appuie principalement sur cet entonnoir : les organismes gérés centralement (Sécurité sociale, mutuelle, etc.), les branches professionnelles et ensuite l'entreprise. Le dialogue social au niveau de l'entreprise n'est pas vraiment un concept qui se structure au début des Trente Glorieuses. Le patronat craint les grèves qui font bien plus « tache d'huile » au niveau des entreprises.

Il faut attendre la loi du 27 décembre 1968 sur les sections syndicales d'entreprise et la création du statut de délégué syndical puis les lois Auroux du 13 novembre 1982 pour voir les négociations annuelles obligatoires (NAO) au niveau de chaque entreprise. Le dialogue social français est surtout organisé par l'activité des branches professionnelles et des conventions collectives qui sont les places fortes du paritarisme à la française. Mais la mondialisation et sa décentralisation au niveau de l'entreprise vont fortement mettre à mal cette construction.

L'État s'implique de plus en plus

La première estocade portée au paritarisme va venir de l'État qui supporte de plus en plus mal de ne pas pouvoir agir dans les domaines « réservés » du paritarisme. Cela va devenir particulièrement sensible sur les questions de financement avec l'aggravation des problèmes budgétaires dans les années 1980 et 1990.

Il existe deux moments qui entérinent cette atteinte à la gestion paritaire. D'une part, à partir de 1991, est créée la Contribution Sociale Généralisée (CSG) puis en 1996 la Contribution au Remboursement de la Dette Sociale (CRDS), qui sont des modes d'imposition des revenus du travail directement décidés par l'État sans que les syndicats n'aient leur mot à dire pour financer la Sécurité sociale et en particulier, le déficit des régimes sociaux. L'État outrepasse le fonctionnement paritaire … ce qui sera ensuite renforcé par la révision constitutionnelle du 22 février 1996 qui instaure les lois de financement de Sécurité sociale donnant de facto plein pouvoir à l'État pour décider de son financement. Ces deux décisions viennent formaliser la volonté de l'État de reprendre les rênes après 40 ans de relative indépendance dans la gestion des comptes sociaux. Cela intervient dans un contexte de montée du chômage et de déséquilibre croissant des comptes sociaux. L'État est obligé de pallier les déséquilibres structurels causés par le modèle de mondialisation libérale qui s'installe progressivement en France.

A partir des années 2000, l'État va diriger plus directement l'ensemble des comptes sociaux suivant ses propres orientations et la plupart du temps contre le monde du travail. La gestion paritaire s'est transformée en organe d'oppression des travailleurs. Ainsi on pourra citer la réforme Fillon de 2003 qui augmente la durée de cotisation de 37,5 ans à 41 ans en 2008 puis la réforme Woerth qui augmente l'âge légal de 60 à 62 ans et surtout la réforme de 2023 qui augmente l'âge légal à 64 ans. Dans le fond, une partie de ces mesures était peut-être nécessaire mais elles se font sans l'avis favorable des syndicats et s'inscrit dans un agenda de rigueur budgétaire. Dans la santé, *le public management* se met progressivement en place, afin de rendre le système aussi efficace que la chaîne de production d'une Renault avec une destruction progressive du système de santé à la française.

Les syndicats sont définitivement expropriés de la gestion des organismes sociaux en trahissant l'esprit du programme du Conseil national de la Résistance et de l'ordonnance du 4 octobre 1945. L'État se désengage de la régulation de l'économie mais interfère dans la cogestion des organismes sociaux : voilà la drôle de dynamique que nous avons connue dans les dernières décennies du XXe siècle. Ce faisant, la légitimité des syndicats est fortement atteinte et le dialogue social quasi interrompu. Les années 1990 et 2000 vont mettre un coup d'arrêt brutal à la logique paritaire et donc à la place centrale qu'occupaient les syndicats de salariés dans la gestion de l'ordre économique et social… avec la complicité du patronat qui laisse faire l'État puisque celui-ci est dorénavant soumis aux logiques libérales. L'autorité de tutelle s'est transformée en autorité absolue, laissant derrière elle un paritarisme zombie.

Le capitalisme a perdu ses repères moraux

Le cadre moral et éthique qui a accompagné l'essor du capitalisme en Occident s'étiole progressivement et impacte durablement le dialogue social puisque sa disparition se réalise au profit d'un capitalisme monomaniaque de la rentabilité à court terme, éliminant la question du dialogue social : les salariés sont considérés dans leur aspect uniquement financier à savoir le seul coût salarial.

Depuis la fin du XIXe siècle, qui a vu l'établissement de la doctrine sociale de l'Église, dans l'Europe à culture catholique et latine (France, Espagne, Italie, Pologne, etc.), le patronat a infléchi son positionnement de seule défense de ses propres intérêts en tentant de les concilier avec une considération de la dignité humaine. La pratique religieuse étant encore très présente au début du XXe siècle, la doctrine sociale de l'Église a infusé jusque dans les rangs du patronat. En France on peut citer le Centre français du patronat chrétien (CFPC) créé en 1926 qui fut un puissant vivier de diffusion de ces idées au sein du patronat. Il ne s'agit évidemment pas d'exagérer l'influence qu'a pu avoir la doctrine sociale de l'Église au sein du patronat mais cette empreinte œuvra pour que le patronat considère le dialogue social comme un vecteur d'amélioration des conditions de travail des salariés. Avec le recul du fait religieux en Occident au cours du XXe siècle, le rôle social de l'Église à travers la société s'estompe progressivement pour laisser presque toute la place à l'argent-roi. Le journaliste Claude Julien décrivait ainsi les années 80 dans le *Monde diplomatique* en avril 1988 : « De Gaulle renié : désormais, la politique de la France se joue à la corbeille. La Bourse est souveraine, l'argent roi. »

Dans le monde protestant (Allemagne, Royaume-Uni, États-Unis, etc.), le sociologue allemand Max Weber (1864-1920) décrit dans *L'Éthique protestante et l'Esprit du capitalisme* les piliers moraux du développement du capitalisme. Il indique dans ce livre fleuve que le processus d'accumulation du capital est principalement lié à une éthique religieuse se caractérisant par la recherche de la réussite professionnelle (penchant naturel à la recherche du profit) soutenue par une éthique de la besogne. Il existe dans le protestantisme une sacralisation du travail qui serait le moyen d'atteindre le salut de l'âme. Le monde du travail est respecté, même si cela s'inscrit dans un cadre de domination du capital (accumulé par le travail). C'est ainsi que le syndicalisme allemand est organisé par un modèle corporatiste de défense des intérêts des salariés d'une branche d'industrie. Ces syndicats sont écoutés par le patronat car ils défendent les travailleurs donc le salut de leurs âmes. De cette logique découle une coresponsabilité institutionnelle que l'article 14 de la Loi fondamentale allemande du 8 mai 1949 vient sédimenter, puisque le droit de propriété *oblige* pour profiter au bien de la communauté. La perte de l'influence religieuse vient fortement casser cette éthique protestante puisque la recherche du profit à tout prix prend le pas sur le respect du travail et sur un possible dialogue social, l'argent-roi (là aussi) vient sacraliser la recherche du profit en soit et non plus comme un but religieux avec sa propre éthique et son cadre moral propre. Le capitalisme financier, parfois considéré comme sauvage, devient sans foi ni loi puisqu'il sacralise la recherche de l'argent pour lui-même dépourvu du travail. Le dialogue social n'a plus vraiment d'intérêt pour le capital puisque le travail n'est plus respecté pour ce qu'il est mais considéré dans son unique aspect financier qu'il est nécessaire de venir minorer ce qu'il ne saurait faire, au contraire.

La mondialisation ne laisse plus de voix au dialogue

La mondialisation et l'internationalisation des échanges constituent un frein au dialogue social et en premier lieu par l'éclatement des centres de décision entre le siège, les centres régionaux et locaux des multinationales. Le management local n'a que peu de pouvoir pour la négociation avec les représentants du personnel, qui discutent rarement avec le management « global ». Il existe un brouillard informationnel et décisionnel savamment orchestré pour que le dialogue ne s'installe pas vraiment. Plus les salariés sont proches des organes de direction, plus ils auront de chances d'être entendus. La mondialisation se construit en réalité comme une cour où plus les individus sont proches du « Roi-Soleil » (la direction générale), plus ils exercent une influence. C'est tout sauf un dialogue et c'est à dessein puisque les multinationales sont des organisations autocratiques en leur sein et rien dans leur organisation n'est conçu pour établir un dialogue entre salariés et direction. Le capital souhaite régner en maître absolu sans partage et sans l'ombre d'une discussion… et surtout sans coût supplémentaire.

L'autre élément du difficile dialogue social dans le cadre de la mondialisation est l'inégale législation relative au droit d'expression syndicale. Les unités de production s'installant sur les cinq continents, chaque pays a une législation différente concernant le droit syndical, y compris au sein de l'Union européenne. Cela rend très difficile la discussion puisque ce droit n'est pas unifié. Le dialogue social « gruyère » est souvent prétexte pour les directions afin de nier dans son ensemble puisque les multinationales se pensant des puissances globales, arguent qu'une politique sociale ne peut pas être menée dans une filiale de manière isolée. Encore une fois, le pouvoir absolu du capital se joue d'une régulation étatique inégale et donc inopérante. Elles ne respectent que les strictes obligations réglementaires et cela va dépendre du degré d'ouverture qui existe au niveau du siège. Les entreprises françaises ou allemandes auront des structures de dialogue social plus avancées que les entreprises américaines. À titre d'anecdote, on pourra citer que Volkswagen et Mercedes ont imposé l'établissement de syndicats dans leurs usines en Hongrie alors même que la protection du droit syndical y est vraiment minimale.

Enfin, les grands oubliés restent les salariés des entreprises incorporées dans la chaîne de valeur. En France, il existe une possibilité pour les salariés mis à disposition de manière permanente de voter aux élections professionnelles de l'entreprise donneuse d'ordres mais cette possibilité est très rarement utilisée et c'est quasi unique au monde. Le dialogue social dans un monde où la chaîne de valeur peut être segmentée en une multitude d'unités de production internes ou externalisées est rendu impossible ou très difficile.

Le dialogue social vidé de son sens et prémices d'une hausse de la conflictualité

Cette diversité des législations pousse à une compétition mondiale pour le moins-disant social… ce qui a fini par atteindre la France, pourtant pays à la pointe, lors des ordonnances Macron du 22 septembre 2017. Une mesure symbolise cette course en avant de la mondialisation vidant le sens même du dialogue social : l'inversion de la pyramide des normes. Jusqu'en 2017, en France, pour être valide, une règle de droit devait s'intégrer dans une hiérarchie de normes et être conforme aux règles qui lui sont supérieures. Une convention entre parties devait être conforme à la loi qui elle-même doit être conforme à la Constitution. Depuis 2017, en droit du travail, certaines dispositions législatives et conventionnelles peuvent être dérogées par accord d'entreprise… y compris défavorablement ! Et c'est bien dans ce détail que le bât blesse : la réforme de 2017 permet une course effrénée au dumping social au sein même d'une industrie ou d'un secteur économique.

Le dialogue social est totalement vidé de son sens puisqu'il institutionnalise la possibilité d'obtenir un avantage compétitif sur son concurrent, il n'a plus (seulement) pour objet l'amélioration des conditions de travail. De plus, cela rend totalement inutile l'existence des branches professionnelles…sauf pour les petites organisations qui ne connaissent pas vraiment de dialogue social à leur niveau, et la négociation sur les salaires minimaux conventionnels. La réforme de 2017 a, non seulement tué la logique d'entonnoir d'après-guerre mais ne rend que très peu opérante la logique décentralisée puisque les partenaires sociaux sont sous pression permanente économique qui existe derrière cette inversion de la pyramide des normes.

Statistiquement, il y a eu une légère hausse de l'ouverture des négociations collectives puisque l'on passe de 15 % d'entreprises ayant ouvert des négociations collectives en 2016 à presque 18 % en 2021. Si certains considèrent que c'est la preuve de la vitalité du dialogue social en France… on peut se demander si cela n'a pas été utilisé par les entreprises comme une aubaine pour pouvoir conclure des accords dérogatoires au droit commun. Il n'existe pas de statistique officielle sur les accords dérogatoires mais la baisse du taux d'ouverture de négociations collectives en 2023 à 16 %, est un indice de la mauvaise qualité du dialogue social.

Un autre indicateur est le retour de la conflictualité dans les entreprises françaises. Il était admis que la conflictualité avait atteint un point bas au cours des années 2010, c'est la conclusion de l'étude de la Dares intitulée « Tensions et conflits du travail dans les établissements français depuis les années 2000 » publiée en 2021. Cependant les premières études publiées sur le début des années 2020 indiquent un début de changement de tendance (qu'il faudra confirmer dans le temps) mais qui indique probablement que la faible qualité du dialogue social commence à, de nouveau, tendre les relations sociales. Ainsi entre 2013 et 2015 (des années n'ayant pas connu de grosses mobilisations interprofessionnelles), 1,5 % des entreprises avaient connu des grèves. Ce taux atteint 2,4 % en 2022 alors même que 2022 n'avait pas été marqué par une grosse séquence de mobilisation collective interprofessionnelle. Ce constat se répète si l'on considère le nombre de jours de grève rapporté au nombre de salariés. 2022 était marquée par un épisode inflationniste, propice à la mobilisation. Il faudra attendre la confirmation de cette tendance au cours des prochaines années mais ce signal faible n'est pas anodin.

Le rapport de force capital/travail a rarement été aussi peu favorable

La conséquence directe de ce dialogue social dégradé est que les intérêts des salariés n'ont jamais été aussi mal défendus. Le partage de la valeur entre capital et travail se déséquilibre dangereusement, la part des salaires dans la valeur ajoutée a baissé de 45% en 1975 à 42,5% en 2024 alors que dans le même temps la rémunération du capital (EBE/EBE mixte) est passée de 38% en 1975 à presque 39,3% en 2024 (la part restante de la valeur ajoutée va aux administrations publiques et organismes sociaux). Ces évolutions, qui paraissent modestes, transcrivent des dynamiques de long terme sur le rapport de force capital/travail. À l'intérieur de l'EBE, il est également à noter que la distribution des dividendes passe de 9-10 % de l'EBE en 1975 à 25 % en 2024. Cela signifie que non seulement les entreprises font de plus en plus de bénéfices mais qu'en plus elles les utilisent de plus en plus pour rémunérer l'actionnaire et de moins en moins pour réinvestir. Face à un dialogue social muet et une mobilisation collective des salariés encore trop atone, le capital déroule ses propres intérêts et son propre agenda.

Cette même évolution se ressent dans le temps de travail des salariés français. Selon l'Insee, celui-ci est passé de 38,5 h/semaine en 2015 à 40 h/semaine en 2023. Là encore, les évolutions semblent faibles mais elles indiquent bien que le temps de travail effectif des travailleurs français augmente, sans parler de la logique d'augmentation tout au long de la vie via les réformes successives sur les retraites. Le forfait annuel en jours touche désormais 18 % des cadres du secteur privé, contre 13,3 % en 2014 (11,8 % en 2010) ; il est identifié comme un risque accru de surcharge de travail, majorant la survenue de problèmes de santé, dont des troubles psychologiques parmi lesquels prédomine le burn-out (étude de la Dares, 2019).

L'autre conséquence par ricochet de ce dialogue social au point mort est la hausse des accidents du travail mortels. Il y a eu 645 décès au travail en 2021, puis 738 en 2022 et 759 en 2023. Cette hécatombe porte la France en 4e position européenne des accidents du travail mortels alors même que la France a été pionnière sur la sécurité et l'hygiène au travail. La faible qualité du dialogue social ne permet plus d'assurer la transmission des informations et des corrections nécessaires au processus productif pour garantir la sécurité des travailleurs. Cela est la conséquence directe d'instances représentatives du personnel dont l'avis n'est que consultatif et peut être ignoré par l'employeur. Sans volonté de l'employeur et avec la rentabilité à court terme comme seule boussole, la santé des salariés n'est plus prioritaire. Quelle déchéance pour la France, pays de trois révolutions !

Le dialogue social par entonnoir tel qu'imaginé à la sortie de la Seconde Guerre mondiale a fini par se retrouver contraint par un État de plus en plus interventionniste, amenuisant la logique paritaire et la légitimité des syndicats à coconstruire le système social ; et cela est conforté par la mondialisation libérale qui ne tolère plus le moindre partage de pouvoir entre le capital et le travail. Face à sa dévitalisation, celui-ci est peu opérant pour défendre les intérêts des salariés et déséquilibre le partage de la valeur ajoutée. Cela a de nombreuses conséquences politiques et sociospatiales.

CHAPITRE 4 : UN MALAISE SOCIAL QUI FRACTURE L'ESPACE ET CRÉATEUR DE FRUSTRATION

La mondialisation libérale et l'incapacité cumulée du monde du travail et de l'État à freiner ses excès sédimentent une France de plus en plus fragmentée et ségrégée, où les corps intermédiaires sont en perte d'influence.

Une perte de vitesse relative du syndicalisme

Le syndicalisme français connaît une perte d'intérêt depuis le début des années 1980. Le taux de syndicalisation a baissé rapidement au cours des années 1980 passant de 20 % en 1975 à 9,4 % en 1993, et stable depuis. Durant cette période, on observe la même tendance pour les élections prud'homales puis les élections professionnelles puisque le taux d'abstention aux élections prud'homales de 1979 était de 37 % alors qu'il est de 63,5 % en 2024 lors des élections professionnelles.

Cette perte d'influence paraît logique dans un monde où les syndicats ont perdu leur pouvoir dans un dialogue social amoindri. Les salariés ne voient plus vraiment la puissance des syndicats dans leur rôle de défense de leurs intérêts, ils s'en détournent d'ailleurs en conséquence. Dans un sondage Elabe-Les Échos de 2023, seuls 55 % des salariés indiquaient qu'ils considéraient les syndicats comme efficaces dans leur entreprise et 35 % au niveau national. Cette courte majorité au niveau des entreprises vient nuancer la perte de confiance dans les syndicats. Selon une étude du Cevipof de 2023, la confiance dans les syndicats est même à son plus haut (40 %) depuis le début de son baromètre sur la confiance politique en 2009, seuls les élus de proximité ont des niveaux de confiance plus élevés (conseil municipal à 59 % par exemple) ou les grandes institutions publiques (l'armée à 73 % par exemple ou la justice à 45 %).

La perte d'influence du syndicalisme est donc relative. Tout porte à croire que les salariés ne croyant plus totalement dans la force du syndicalisme, ne discréditent pas pour autant totalement cette institution en accordant un crédit pour son action de proximité. Tout comme les élus locaux, les syndicats sont vus comme des relais d'humanité à proximité servant d'amortisseur à la machine déshumanisée du système économique libéral. D'ailleurs le taux de syndicalisation s'est stabilisé à 10 % depuis 30 ans et le taux de participation aux élections professionnelles ne baisse plus depuis une dizaine d'années. Il existe même des niches de renaissance de la syndicalisation comme on a pu le montrer avec le combat récent chez EY, Ubisoft ou Amazon. Cependant les syndicats ne sont plus perçus par les salariés comme des acteurs globaux, d'où la faible confiance pour régler des problématiques au niveau national, ce qui explique qu'ils cherchent d'autres modes d'expression globaux.

Une désintermédiation à l'œuvre

Au-delà de l'action syndicale, c'est l'ensemble des corps intermédiaires (à l'exception des élus locaux) qui a perdu la confiance des citoyens, en particulier le politique. Les partis politiques ne reçoivent que 20 % de confiance dans le baromètre de la confiance politique Cevipof 2023. C'est d'ailleurs une constante européenne puisque dans ce même baromètre, c'est 16 % en Italie, 19 % en Pologne et 30 % en Allemagne. Le politique semble impuissant à exercer une quelconque influence sur le réel… d'autant plus que les Français considèrent à hauteur de 68 % que les élus et les dirigeants politiques français sont plutôt corrompus. La démocratie représentative souffre d'une crise de confiance durable… dans un contexte où, la proportion des Français qui voient la mondialisation comme une menace a explosé passant de 48 % en juillet 2017 à 64 % en novembre 2024 dans le baromètre Ipsos-Cevipof sur les fractures françaises.

Ce double constat : d'un monde de plus en plus menaçant et de corps représentatifs pour lesquels la confiance s'est érodée va pousser le corps social à trouver des moyens d'expression plus directs, sans ou avec moins d'intermédiaires. La crise des « Gilets jaunes » de 2018 à 2019 est à ce titre l'exemple le plus récent et le plus flagrant d'un mouvement totalement désintermédié qui s'est construit pour exprimer une opinion et défendre ses intérêts. Nous avions connu, à l'automne 2013, le mouvement des Bonnets rouges mais il était surtout localisé à la région bretonne. Cinq années plus tard, le mouvement des « Gilets jaunes » a été présent sur l'ensemble du territoire et a occasionné des conséquences visibles dans l'espace public (blocage des ronds-points en milieu rural et périurbain, débordements dans les centres urbains ou à Paris). Cette mobilisation sociale avait débuté sur la thématique de la vie chère mais avait fini par agréger un ensemble de sujets socio-économiques très larges, à tel point qu'il est très difficile d'établir exactement les revendications précises.

Deux caractéristiques de cette mobilisation sont intéressantes à soulever. En premier lieu, son organisation. Les « Gilets jaunes » n'avaient aucune organisation structurée et formalisée, refusant toute centralisation. On peut dire que chaque collectif « Gilets Jaunes » était un collectif indépendant de celui de son voisin, sans aucun lien organisationnel, et par voie de conséquence il n'y avait pas de représentant puisque sans unité organisationnelle il n'existe pas de légitimité à représenter un autre collectif. Le refus de toute organisation est une réaction à la perte de légitimité des corps constitués. Cela se retrouve logiquement dans les principales revendications de ce mouvement avec l'émergence de la thématique du RIC (Référendum d'Initiative Citoyenne) pour contourner les instances représentatives. La deuxième caractéristique de ce mouvement est qu'elle coalise la France victime de la mondialisation au-delà des clivages partisans. La contestation sociale était, jusqu'ici, le monopole de la gauche, or avec les « Gilets jaunes » cette mobilisation dépasse les clivages pour regrouper tous ceux qui ne croient pas que la mondialisation puisse apporter quelque chose de positif. C'est d'ailleurs l'élément qui explique l'énorme popularité du mouvement (60 à 65 %). Les corps intermédiaires sont non seulement considérés comme peu efficaces mais également comme segmentant trop la réalité de classe.

La montée des inégalités et de la pauvreté

La grande nouveauté des années 1980-1990 a été le retour des inégalités sociales. Le processus de production mondialisée via la surspécialisation des économies a creusé les inégalités au sein même des sociétés occidentales et notamment française. Cependant, contrairement aux autres sociétés occidentales, celle-ci se caractérise par une évolution lente de ce processus de dégradation de la situation.

On peut prendre l'indice de Gini comme indicateur synthétique des inégalités, rendant compte du niveau d'inégalité pour une variable et sur une population donnée. Il varie entre 0 (égalité parfaite) et 1 (inégalité extrême). Les inégalités ainsi mesurées peuvent porter sur des variables de revenus, de salaires, de niveaux de vie, etc. Aux États-Unis, l'indice de Gini s'est rapidement dégradé puisqu'il est passé de 0,41 en 1981 à l'arrivée de Ronald Reagan à 0,45 en 1995 puis 0,47 au début des années 2010 alors qu'en France, il a décru jusqu'au début des années

1990 passant de 0,325 en 1975 à 0,27 en 1995 puis il progresse lentement à 0,30 en 2023.

Cette lente évolution s'est traduite par une augmentation du taux de pauvreté relative. Un ménage et les individus qui le composent sont considérés comme pauvres lorsque le niveau de vie du ménage est inférieur au seuil de pauvreté. En France et en Europe, ce seuil est le plus souvent fixé à 60 % du niveau de vie médian. La pauvreté relative est un indicateur d'inégalités car elle indique la distribution des populations relativement à un seuil de revenus donné. Si le taux de pauvreté est faible, cela signifie qu'il existe relativement peu de personnes avec un salaire relativement plus faible aux autres et inversement. Il a fortement décru en France passant de 19 % en 1970 à 12,5 % au début des années 2000 avant de fortement remonter à 15,4 % en 2023. Certains verront que la société française est moins inégalitaire que pendant les Trente Glorieuses, mais Didier Blanchet dans *Évolution de la pauvreté et des inégalités parmi les retraités en France* rappelle que jusque dans les années 1970, ce sont les retraités qui tirent vers le haut le taux de pauvreté du pays. Il indique que « le classement des ménages d'âge actif et en âge de retraite en termes de taux de pauvreté s'est inversé à la fin des années 1970, notamment sous l'effet de la hausse du minimum vieillesse et de l'arrivée à la retraite de générations à droit plus complet et évaluées selon des règles plus avantageuses ». Autrement dit, la baisse du taux de pauvreté est fortement due à la baisse de celui des retraités et assez peu à celui des travailleurs. En revanche, la hausse observée du taux de pauvreté depuis 15 ans est en rapport étroit avec la hausse du taux de pauvreté des actifs. Le taux de pauvreté des actifs porte la hausse du taux de pauvreté. Le taux de pauvreté des 50-65 ans est ainsi passé de 10,3 % en 2004 à 13,6 % en 2023 même si c'est l'ensemble des classes d'âge entre 18 et 65 ans qui est touché par une hausse de la pauvreté indiquant que c'est la réalité du travail qui cause la hausse de la pauvreté depuis 20 ans par des revenus de plus en plus inégaux.

La mondialisation libérale creuse donc les inégalités sociales et la pauvreté et nous ne sommes qu'au début de ce processus puisque la pression concurrentielle à la baisse de la fiscalité et de la redistribution va probablement alimenter ce processus de paupérisation de la société française.

La ségrégation socio-spatiale

La montée des inégalités a radicalement retransformé nos espaces et notre urbanisation. D'une part, la désindustrialisation de notre économie a laissé les zones industrielles en déshérence. La mondialisation mettant en concurrence les zones géographiques afin de réduire les coûts de production et de favoriser leur surspécialisation (voir le chapitre sur les délocalisations), la France n'a pas échappé à la logique de délocalisation créant son lot de territoires dévastés. Sans surprise, ce sont les anciens territoires les plus industrialisés qui ont vu ce processus avoir un impact massif : le Grand-Est, le Nord, les Bouches-du-Rhône. Au sein de ces départements, ce sont les zones les plus éloignées des centres urbains qui ont vu se créer des déserts économiques. Selon l'Insee, qui a mené une enquête sur les dynamiques de population dans la région Grand-Est entre 1968 et 2017, à l'exception de l'Alsace les zones éloignées des centres urbains de la région (Reims, Châlons-en-Champagne, Nancy, Metz, Chaumont, Troyes, Verdun et Charleville-Mézières) ont perdu jusqu'à 40 % d'emplois occasionnant une forte déprise démographique. La France rurale, surtout dans les territoires anciennement industriels, se vide de sa population et de son activité. Les services publics accentuent cette logique dans une dynamique procyclique, moins de population signifiant moins d'écoles, moins de police… enclenchant un cercle vicieux. Le dernier clou dans le cercueil pour ces territoires fut la politique de mobilité qui a été construite pour répondre à une logique offre/demande et non à une logique de service public universel, c'est ainsi qu'en toute cohérence on a sacrifié les « petites lignes » de train pour desservir ces territoires. Le réseau est passé de 50 000km de voies de chemin de fer en 1950 à 28 000km aujourd'hui.

De l'autre côté, la France urbaine a vécu une explosion de son activité et de sa population. La mondialisation libérale organise, en France, le territoire autour des métropoles, des sièges sociaux et des sites de recherche et développement. Ce phénomène de métropolisation, présent dans le monde entier, renforce les inégalités entre des centres urbains créateurs de richesse et impulsion du pouvoir économique mondial ou territorial et des périphéries qui concentrent les problèmes sociaux (chômage, pauvreté et insécurité). Il s'est renforcé une urbanisation en cercles concentriques que Christophe Guilluy décrit dans *La France périphérique* avec des centres urbains et cosmopolites, puis une première périphérie formée par des populations immigrées ou descendantes d'immigrés d'Afrique du Nord puis une deuxième périphérie constituée par l'exode des classes moyennes des centres-villes chassées par une élite cosmopolite, mais également par l'exode rural des territoires désindustrialisés. Ces zones périurbaines étant à l'écart des centres décisionnels et ne faisant pas la une de l'actualité, elles se retrouvent fortement délaissées par les politiques publiques d'aménagement du territoire. Ce sont ces populations qui se sentent le plus lésées par la mondialisation libérale et qui construisent une rancœur forte envers les évolutions politico-économiques de notre monde contemporain. Plus on s'éloigne des centres urbains, plus les Français ont une mauvaise opinion de la mondialisation et plus les problématiques socio-économiques sont prégnantes.

La montée des populismes

La ségrégation socio-spatiale et les frustrations liées à la mondialisation libérale se traduisent politiquement par la montée des populismes, à savoir des mouvements politiques qui établissent leur doctrine en se réclamant du peuple opposé à une élite qui l'aurait abandonné.

Le premier constat est, tout d'abord, que le poids des forces politiques qui soutiennent (même de manière critique) le processus de mondialisation est passé de 57 % au 1er tour de la présidentielle de 2002 à 36 % en 2022. Cette lente érosion indique très clairement que les Français ne soutiennent plus vraiment ce processus créateur d'inégalités et de frustrations. Ce sont au contraire des mouvements populistes, critiques de cette mondialisation des élites qui arrivent à cristalliser le mécontentement des Français à savoir le Rassemblement National (RN) et Reconquête (R !) pour un total de 27 % et La France Insoumise (LFI) avec 23 %. Ces trois mouvements, à eux seuls majoritaires, combattent la construction mondialisée sans vision idéologique claire, c'est-à-dire sans véritable projet alternatif. Le malaise social se traduit pour l'instant par un rejet polymorphe… mais surtout divisé entre deux pôles (pour l'instant) non fongibles entre le bloc populiste patriote et le bloc populiste de gauche. C'est la raison pour laquelle, alors que les Français sont majoritaires pour rejeter cette mondialisation libérale… l'ensemble des gouvernements depuis 1983 y a activement participé.

Le deuxième constat est une polarisation accrue du champ politique à savoir que les Français sont désormais divisés en 3 blocs qui ne se croisent plus. D'un côté, une France bourgeoise des centres-villes (surtout âgée) qui vote massivement pour le bloc central défendant la vision d'une mondialisation heureuse, comme dans le centre de Paris où le bloc central dépasse les 50 %. De part et d'autre, il existe un premier bloc rural et périurbain qui se retrouve dans un vote du bloc patriote et des jeunes urbains/habitants des premières périphéries qui votent très majoritairement pour le bloc de gauche. C'est d'ailleurs le constat que fait Jérôme Fourquet dans *l'Archipel français*, chaque groupe social se recroqueville sur ses intérêts propres sans partager de visions communes avec d'autres groupes.

Certains parleront de vote de classe mais en réalité, la question de l'immigration et du multiculturalisme fracture le vote des perdants de la mondialisation entre ceux qui considèrent que la société multiculturelle n'est pas la conséquence de la mondialisation mais est la résultante logique de la décolonisation (le bloc de gauche) et ceux qui considèrent la société multiculturelle comme étant la conséquence de cet ordre libéral (le bloc des patriotes). Cette division étant moins franche, en tout cas moins déterminante au sein du bloc bourgeois et libéral. La contestation se fracture sur la question identitaire, la rendant inopérante. Les débouchés politiques de la contestation de la mondialisation restent donc sans lendemain, malgré de brefs moments de convergence comme lors de la réforme des retraites ou le référendum de 2005 sur le Traité Constitutionnel Européen (TCE) avec des succès plus ou moins importants et durables.

Un retour des religions

À défaut de débouchés politiques et idéologiques, la contestation de la mondialisation libérale se trouve retranchée dans la sphère religieuse. Cela est un retour logique alors que la promesse d'émancipation du religieux n'arrive plus vraiment à être tenue. Le communisme qui était le principal pourfendeur de la religion dans le monde occidental a perdu de son influence avec l'effondrement de l'URSS en 1991. De l'autre côté, la promesse républicaine qui avait fortement contenu l'influence des Églises dans l'espace et le débat public s'est progressivement émoussée puisque la liberté, l'égalité et la fraternité sont contraintes par le marché tout-puissant. Philosophiquement, la République s'est diluée dans le libéralisme économique en sacrifiant sur l'autel de la liberté économique et du marché l'ensemble de ses autres valeurs. Le rapport parlementaire qui a été confié à Malek Boutih après les attentats de Charlie Hebdo en 2015, intitulé *Génération Radicale,* décrit de manière clinique que : « *La notion de République est inintelligible, comme diluée dans le libéralisme et la modernité, et le sentiment d'appartenance à une communauté nationale est très affaibli.* »

La dynamique de la religion musulmane est à ce titre très intéressante. Elle est une religion récemment importée puisqu'il existait 36 000 musulmans sur le territoire métropolitain lors du recensement de 1872, alors que 11 % des Français déclarent être musulmans dans l'étude récente de l'Insee de 2023 « Immigrés et descendants d'immigrés » soit environ 8 millions de personnes. Cela provient principalement de l'immigration maghrébine puisque 89 % des immigrés algériens, marocains, tunisiens se déclarent musulmans. Cette nouvelle religion se transmet aux générations suivantes puisque 65 % des descendants d'immigrés se déclarent également musulmans. De plus, cette religion est une religion plus identitaire que les autres puisque 30 % des musulmans citent la religion comme dimension constitutive de leur identité contre 6 % des catholiques. Il peut exister deux facteurs explicatifs : d'une part le phénomène de sécularisation qu'a connu la religion catholique par la Révolution et le combat des laïcards contre l'influence de l'Église… ce que n'a pas connu la religion musulmane. De l'autre côté, la religion musulmane occupe un vide moral chez des populations qui font souvent partie des perdants de la mondialisation. C'est l'une des explications pour laquelle 57 % des jeunes musulmans considèrent que la charia est plus importante que les lois de la République dans un sondage Ifop de 2020.

La dynamique du côté catholique est moins sensible mais on note tout de même une résurgence de la pratique religieuse et notamment des baptêmes qui ont explosé fortement depuis la fin des années 2010 mais également un renforcement de la dynamique des noyaux conservateurs au sein de l'Église, comme en témoignent les mouvements de la Manif pour tous ou bien encore la popularité du cardinal Robert Sarah.

La mondialisation libérale, créatrice d'inégalités au sein de la société française, fragmente aussi le pays politiquement et détruit les institutions qui ont structuré le pays durant la fin du XXe siècle (syndicats, partis politiques). La polarisation du pays ne procurant pas de débouché politique à la contestation de la mondialisation, c'est le domaine religieux qui cristallise cette contestation.

CHAPITRE 5 : UNE NOUVELLE GÉNÉRATION DU PARADOXE ET DU RÉVEIL DES CONSCIENCES ÉCOLOGIQUES

Depuis le début des années 2020, nous entrons dans l'ère de l'arrivée dans le monde du travail de la génération Z, celle née entre 1995 et 2010. Cette nouvelle génération est en rupture avec les précédentes. Si les générations X et Y étaient celles du soutien, même du bout des lèvres, à la globalisation mondialisée, la génération Z, qui arrivera aux postes de commandement d'ici une dizaine d'années, est celle de la contestation de l'ordre économique.

Les marches pour le climat

La rupture avec les autres générations provient, d'abord et avant tout, d'une prise de conscience sur la question écologique. Ce sont les marches pour le climat, intervenues en 2018-2019, qui marquent l'entrée dans l'espace public de cette génération. Ces marches ont eu pour but de réveiller les consciences sur l'urgence climatique au sein de l'opinion publique et d'alerter le monde politique et les décideurs de la nécessité de l'action en la matière. Même s'il y avait eu des tentatives autour de la COP 21, c'est réellement en 2018 et 2019 que ces manifestations deviennent vraiment virales. Elles se déroulèrent sur l'ensemble du continent européen, portées par le collectif « Youth for climate » et renforcées par l'émergence de la figure médiatique de Greta Thunberg.

Ce mouvement était principalement formé de jeunes urbains, diplômés ou étudiants de l'enseignement supérieur.

Cependant, elles ont joué le rôle de catalyseur pour l'ensemble de la génération Z puisque selon un sondage IFOP 2023 pour La Tribune, plus de 43 % des 18-24 ans sont très inquiets à l'égard du réchauffement climatique contre 26 % des 35-49 ans. Cette inquiétude vis-à-vis du changement climatique est d'ailleurs ce qui constitue probablement l'une des caractéristiques angulaires de cette génération. L'éco-anxiété de la jeunesse Z est une rupture majeure avec les générations précédentes. Elle traduit d'une part l'idée que le changement climatique a et entraînera des conséquences majeures sur nos vies, et que cette génération vivra probablement toute son existence avec les conséquences de ce réchauffement climatique. De l'autre côté, elle traduit le refus de l'impuissance actuelle sur ces questions climatiques, ces marches pour le climat inaugurent une soif d'action par une pression politique croissante, dans le comportement des consommateurs et le désir d'une régulation plus forte sur ces questions. Les entreprises ont compris qu'elles devaient prendre en compte celles-ci et rivalisent toutes les unes les autres pour savoir qui aura le plan de Responsabilité Sociale d'Entreprise (RSE) le plus beau de la place, les consultants et directions de la transformation sont devenus les postes les plus prisés de la génération Z.

Au-delà, cette prise de conscience s'accompagne d'une prise de distance considérable vis-à-vis du système économique et financier. La jeunesse ne supporte plus de voir les tonnes de CO2 émis pour acheminer une poire d'Argentine aux États-Unis puis pour être emballée et renvoyée en Europe pour être consommée.

Une génération profondément critique du capitalisme

La génération Z établit un lien fort entre les questions écologiques et la construction économique. En 2020, les 18-

30 ans étaient 58 % à penser, selon une étude Ifop, que le « système capitaliste est le principal responsable du dérèglement climatique ». Selon une autre enquête menée par Monique Dagnaud, directrice de recherche émérite au CNRS, et Justine Dupuis, démographe et statisticienne, dans le cadre du festival des idées « Et Maintenant ? » de France Culture et Arte en 2021, les jeunes considèrent que "le capitalisme est incompatible avec l'écologie" à hauteur de 81 %.

Cette critique de l'ordre économique est également corrélée à l'image que la jeunesse a du monde du travail puisque 70 % des 20-21 ans pensent que le monde du travail est plus stressant qu'épanouissant dans une étude Ipsos menée en 2023, avec relativement peu de différences entre les milieux socio-professionnels. Le doute que la question climatique a installé dans l'esprit de la jeunesse sur la pertinence du système économique s'étend à l'ensemble du modèle économique et donc de la mondialisation. Cette perplexité n'est certes pas une révolte construite et idéologique contre le système économique mais est plutôt le signe que la jeunesse est en quête d'autre chose.

L'autre raison pour laquelle cette jeunesse doute du système, c'est qu'elle en est la première victime. La génération Z est celle des crises : elle a grandi dans la crise financière de 2008, puis est devenue adulte avec Charlie, le Covid et les « Gilets jaunes », et a commencé sa vie active avec la guerre en Ukraine et la réforme des retraites. Peu de moments heureux irriguent la conscience collective de cette génération, en dehors de la victoire à la Coupe du Monde de football de 2018, ainsi que les JO de 2024. Les 18-29 ans ont le taux de pauvreté le plus élevé des classes d'âge avec un taux de 18 % en 2023 selon l'Insee. Le taux des jeunes ni en emploi, ni en études, ni en formation (NEET selon la terminologie Insee) malgré une légère baisse reste élevé à près de 13 % en 2023, niveau le plus élevé que dans l'Union européenne. La précarité des jeunes est particulièrement présente chez les peu diplômés. Ils sont 47 % à occuper un travail précaire (en 2023).

La fondation *Les apprentis d'Auteuil* faisait en 2024 le constat suivant : « *Ne pouvant s'appuyer sur le soutien familial, cette jeunesse aux visages multiples – jeunes de milieux populaires grandissant dans des familles pauvres, issus de la Protection de l'enfance, de zones urbaines sensibles ou de zones rurales, jeunes en errance ou en situation de handicap, etc.- se retrouve sans ressource ni filet de sécurité, souvent isolée.* »

La précarité de la jeunesse se retrouve dans son vote très contestataire. Tout d'abord la jeunesse s'abstient bien plus fortement que le reste des classes d'âge. Aux élections européennes 2024, 60 % des 18-24 ans se sont abstenus et 65% des 25-34 ans. La jeunesse rurale vote très majoritairement RN, dans une enquête de l'IFOP Jeunesse *et mobilité : la fracture rurale,* il apparaît que « Plus le temps passé en voiture est long, plus le vote pour la candidate du RN croît : 34 % pour ceux qui sont moins de 30 minutes par jour dans leur automobile, 43 % entre 30 et 59 minutes, 42 % entre 1 et 2 heures et 49 % pour plus de 2 heures ». Ce constat vient renforcer l'idée que les dynamiques au sein de la jeunesse sont exacerbées par rapport à celles de la société française prise dans son ensemble. La jeunesse urbaine vote quant à elle plus fortement LFI et Verts considérés comme des mouvements protestataires (quoique le vote Verts regroupe des réalités diverses). Les 18-24 ont ainsi voté à hauteur de 33 % pour LFI, 3 % pour le PCF, 10 % pour les Verts et 25 % pour le RN soit 71 % pour des listes contestant l'ordre mondial. C'est également le cas pour les 25-35 ans à hauteur de 62 %. L'écrasante majorité de la jeunesse et des jeunes actifs rejettent l'ordre économique.

Cette contestation par la jeunesse se retrouve également dans le domaine culturel. C'est particulièrement vrai dans la musique via le rap qui concentre un grand nombre de textes contestataires, même si la valeur de l'argent reste encore très prédominante dans une grande partie de la culture urbaine. On peut citer le texte de Keny Arkana, qui dès 2008, dénonce le système économique en ces termes : « *J'empoisonne vos corps d'aliments trafiqués. Génétiquement modifiés car le mal ça fait du chiffre J'ai déréglé le climat, déshumanisé les Hommes. Dénaturé le vital, flingué l'espoir en plein essor. J'ai réussi à vous faire croire que la Vie se résumait à consommer, consommer. Consommer pour mieux construire mon empire. Je suis capable du pire, pour vous faire croire en ce qu'il faut, si je contrôle vos esprits, c'est grâce à la culture du profit.* »

Enfin, dans les grands succès des séries Netflix des dernières années, le phénomène *Casa de Papel* n'est pas totalement étranger à cette distance de plus en plus importante de la jeunesse envers le système économique, mettant en scène un groupe de malfaiteurs ayant vocation à court-circuiter le système bancaire. Selon Marjolaine Bouet, historienne et spécialiste des médias, *cette fiction dénonce « le pouvoir de l'argent » et se fait l'écho du sentiment antilibéral grandissant. Le cerveau du casse, dit « le Professeur », conditionne son équipe de braqueurs « en leur inculquant l'idée qu'ils vont agir pour une cause et pas uniquement pour leur intérêt personnel. Cela fait partie « des ingrédients propres à séduire la jeunesse ».*

L'une des autres séries qui cristallise dans la culture alternative et la dénonciation du capitalisme est *Mr Robot*, dans laquelle un groupe de jeunes anarchistes (Fsociety) vont vouloir hacker le conglomérat « E Corp » afin de pouvoir éliminer le système et libérer les individus de leurs dettes et de leurs chaînes. Le succès de cette série et en particulier auprès de la jeunesse témoigne de la volonté d'une partie de celle-ci de contester le système économique en place. À défaut, d'une construction politique alternative à la mondialisation libérale, la jeunesse la conteste de son canapé en écoutant de la musique et en regardant des séries. Tout le défi d'un mouvement alternatif est de pouvoir transformer ce doute en certitude puis en action car pour l'instant la génération Z (en-dehors des marches du climat) n'a pas vraiment transformé son sentiment de défiance en action organisée. Il existe des groupes tels qu'Extinction Rébellion ou bien encore les mouvements de jeunesse des partis politiques mais cela ne se structure pas en organisation de masse, probablement parce qu'elle n'a pas trouvé de débouché politique suffisamment crédible.

Une génération paradoxale et fracturée

La génération Z est aussi celle du paradoxe. Malgré un doute de plus en plus fort sur le système de mondialisation libérale, la génération Z n'est pas moins matérialiste que les autres. Dans le baromètre 2023 DJEPVA sur la jeunesse, il apparaît que les jeunes de moins de 30 ans préfèrent gagner davantage mais avoir moins de temps libre à hauteur de 54 % contre 45 % pour les plus de 30 ans. Si la paupérisation relative de la jeunesse explique en partie un tel écart elle ne saurait, à elle seule, en être l'explication. En tout état de cause, il n'existe pas d'écart générationnel sur l'intérêt de la rémunération dans la relation de travail. La génération Z ne rompt pas avec ses aînés… au contraire.

La génération Z ayant du mal à croire aux dynamiques collectives et étant construite dans la vie « virtuelle », elle est autant si ce n'est plus individualiste. C'est en tout cas le constat de la psychologue américaine Jean M. Twenge, qui a écrit l'un des ouvrages de référence analysant la génération Z en 2017 (*IGen*). L'une des caractéristiques principales, déjà présente avant la crise sanitaire, est qu'il s'agit d'une génération particulièrement angoissée par l'avenir mais qui ne trouve pas de débouché collectif ni d'exutoire à cette angoisse. L'individu apparaît comme un refuge face à un monde d'incertitudes et de menaces. Les anthropologues, sociologues et psychologues n'ont pas de conclusion définitive pour savoir si cet individualisme croissant de la jeunesse s'accompagne d'un *nouveau collectif,* c'est-à-dire si l'individualisme se translate dans l'univers social (individualisme méthodologique) ou si cet individualisme crée un défaut de lien social. Il est possible que ce soit les deux, à savoir une forme de vision collective où la société est vue comme une addition d'individus (et non plus comme une construction propre) … mais probablement insuffisante. En effet, les dernières données sur le suicide des jeunes indiquent une tendance haussière. Le taux de tentatives de suicide des jeunes de 17 ans ayant entraîné un passage à l'hôpital explose tendanciellement passant de 2,3 % en 2011 à 2,9 % en 2017 et 3,3 % en 2022. Émile Durkheim, qui avait analysé la typologie de suicide dans son livre anthologique *Le Suicide,* précise qu'un excès ou un défaut de lien social est corrélé à une hausse du suicide. Il faudra du recul pour stabiliser une analyse plus fine mais l'évolution du niveau des tentatives de suicide dans notre jeunesse n'est probablement pas étrangère à ce manque de crédit qu'attribue notre jeunesse à la réponse collective face aux défis mondiaux, se repliant alors sur l'individu n'assurant pas assez de liens collectifs pour vivre.

L'autre aspect paradoxal de la génération Z est son matérialisme, malgré les idéaux écologiques et le doute vis-à-vis de la mondialisation libérale. Près de 25 % de la génération Z sont d'accord avec l'adage « l'argent ne fait pas le bonheur » contre 51 % des boomers selon une enquête Yomini en 2023, même si la génération Z souhaite utiliser cet argent plus volontairement pour des loisirs. Là encore, il faudra confirmer cette tendance à travers le temps pour savoir si elle est spécifique à la jeunesse de la génération Z ou si c'est un trait caractéristique de cette génération. Ici aussi, le manque de projection collective explique probablement le repli sur des valeurs matérialistes et individualistes. Le seul invariant « rassurant » restant les biens matériels, puisque le collectif n'existe pas ou déçoit. Cela rend donc très complexe d'engager la jeunesse dans un mouvement de contestation du modèle économique actuel qui lui semble insuffisant. C'est comme si la génération Z s'attachait aux valeurs d'un monde en déclin, empêchant ou ralentissant l'éclosion d'un nouveau monde auquel elle aspire pourtant.

Au-delà des paradoxes évoqués, la génération Z est profondément fragmentée. Cette fracture est d'ordre politique évidemment puisque la jeunesse urbaine vote plutôt à gauche alors que la jeunesse rurale vote plutôt pour le bloc patriote. Une autre fracture émerge progressivement et que les analyses de long terme devront confirmer : c'est le *gender gap* ou écart entre les genres. Les hommes deviennent de plus en plus conservateurs et les femmes de plus en plus progressistes. Alors que les femmes ont longtemps été plus conservatrices que les hommes, c'est la tendance inverse qui s'installe au sein de la jeunesse. Une étude de l'Institut Montaigne en 2024 posait la question si : les différences entre les hommes et les femmes sont-elles artificielles et produites par la société ? Alors que les écarts entre hommes et femmes sont relativement faibles (1 à 2 points) dans la génération X, cet écart atteint plus de 12 points dans la génération Z. L'Institut Montaigne note que « *Ce mouvement de déconnexion idéologique des jeunes hommes et des jeunes femmes semble constituer une tendance mondiale. Le Financial Times a rendu compte de travaux du Survey Center on American Life et de ceux d'une chercheuse de Stanford, Alice Evans, qui montrent que, dans de nombreux pays, y compris des pays non occidentaux comme la Corée du Sud, cet écart a commencé à se creuser au début des années 2010 et n'a fait que s'accroître depuis.* »

Cette fracture de genre qui est très récente devra probablement être analysée plus en profondeur quant à ses causes et conséquences mais probablement que là aussi, le défaut de réponses collectives aux problématiques globales crée une réponse de défense des intérêts communautaires et identitaires. La génération Z a du mal à se construire avec une dynamique unitaire ce qui rend d'autant plus compliqué de s'appuyer sur elle pour établir une société alternative à la mondialisation libérale. Cependant face à ces paradoxes et à ces fractures, il est utile de considérer le doute de cette jeunesse des logiques du monde actuel pour en construire un nouveau. Cette génération n'a plus de modèle ni de contre-modèle car ils se sont tous révélés caducs : le communisme n'a pas réussi à survivre au modèle soviétique et la société capitaliste semble insuffisante pour répondre aux besoins contemporains. Reste à savoir quel modèle saura résoudre les paradoxes et les fractures de cette génération Z pour sortir de son anomie. La réponse n'est pas évidente mais elle est nécessaire pour donner accès pleinement à son destin à cette génération, à défaut de quoi nos sociétés modernes sombreront dans la violence et la défiance grandissante entre individus. Les fractures présentes au sein de la génération Z se translateront à l'ensemble du corps social et termineront le travail de déconstruction de nos sociétés occidentales. La réponse politique aux aspirations contradictoires de notre jeunesse est une nécessité pour éviter que l'Occident ne sombre dans l'horreur qu'ont connue les générations précédentes

CONCLUSION DES CONSTATS

Au terme de cette première partie sur les constats des dynamiques du monde contemporain, il émerge un triangle d'incompatibilité entre développement économique, bien-être social et régulation étatique.

D'une part une contrainte économique : la rationalité économique a organisé un monde globalisé quasi irréversible qui permet une structure de coût la plus optimisée possible, se réalisant avec la minoration la plus forte possible du dialogue social de telle sorte que les forces du capital soient les seules à influer sur les décisions prises au sein du processus productif, maximisant ainsi la rémunération du capital.

De l'autre côté, il existe une contrainte sociale puisque ce modèle productif ne permet plus d'atteindre un optimum social : le bien-être du plus grand nombre est désormais rendu impossible pour satisfaire le bien-être d'un nombre de plus en plus réduit de gagnants de la mondialisation, créant une frustration sociale importante avec une perte de confiance dans les corps intermédiaires et une tentation populiste qui peut emporter nos sociétés dans un chaos grandissant puisque cette tentation populiste ne propose pas réellement de schéma alternatif solide à la mondialisation libérale.

Enfin, il existe un rôle régulateur de plus en plus compliqué pour l'État puisque dans un contexte mondialisé les États sont mis en concurrence les uns avec les autres afin de minimiser les coûts de production. Les multinationales (qui structurent la production mondiale de biens et services) enjambent volontiers les contraintes réglementaires en jouant avec les contradictions de cette régulation puisque les régulations sont peu harmonisées, voire elles offrent volontairement des fenêtres d'opportunité au marché afin de jouer au mieux dans cette compétition mondiale. De plus, si un État venait à construire une régulation plus forte, le pays et sa population en seraient victimes par des délocalisations massives de la production. La réglementation, visant à réguler les effets néfastes de la mondialisation libérale, devient donc rapidement contre-productive en amenant le pays dans un cycle récessif et aboutissant à la destruction du bien-être social.

Ce constat de triple incompatibilité doit obliger tous ceux qui croient que le bien-être social des citoyens est le but ultime de toute société humaine à ébaucher une alternative pour casser ce triangle d'incompatibilité. La deuxième partie vient apporter cette solution : c'est désormais aux travailleurs eux-mêmes de se saisir de la promotion de leurs propres intérêts sans passer (autant que possible) par l'intermédiaire étatique. Si la deuxième partie s'insère dans un contexte français, elle a vocation à être la base de réflexions pour une réappropriation de leurs propres intérêts à travers le monde entier. La mondialisation des échanges ne saurait se construire sans une mondialisation de la défense des intérêts des travailleurs et du bien-être social. Cette défense doit se faire avec le moins d'interventions de l'État dans ces questions afin de permettre au travail de se défendre sans interférence avec des questions d'ordre politique, sous réserve des orientations stratégiques de la Nation.

PARTIE II : UN NOUVEAU DROIT INALIÉNABLE DE L'HOMME

CHAPITRE 1 : LES PRINCIPES FONDATEURS DE LA PARTICIPATION DES SALARIÉS À LA GOUVERNANCE DES ENTREPRISES

Un nouveau droit de l'Homme

Pour répondre à ce triangle d'incompatibilité, la seule solution qui existe, puisque le contrôle étatique est économiquement contre-productif, afin de rationaliser le capitalisme financier et ses excès, est la démocratie et donc l'Homme.

La racine de nos sociétés, est cette croyance que l'Homme a une dignité inaliénable. Cependant, au sein de la relation de travail, elle est compromise par la notion de subordination. Le salarié est soumis à la volonté de son employeur sans qu'il puisse réellement émettre une opinion différente de celle-ci ou sans pouvoir participer à la décision des orientations qui le soumettent ; il n'est donc pas souverain de lui-même. Jean Jaurès résumait cette situation ainsi : « La Révolution a fait du Français un roi dans la cité et l'a laissé serf dans l'entreprise ». Autrement dit, le travail de la Révolution française pour rendre le peuple (totalement) souverain de son destin est resté inachevé et s'est arrêté aux portes de l'entreprise, rendant dès lors sa dignité encore sujette au bon vouloir de son employeur.

Au cœur du XXIe siècle, le temps est venu de terminer l'œuvre de la Révolution française. Pour cela, il est nécessaire de construire un système théorique et pratique qui puisse structurer cette révolution productive. L'idée n'est pas d'évincer la propriété privée, et donc le capital, mais de permettre une coexistence pacifique entre les facteurs de production, de permettre une plus juste répartition de la valeur entre ces deux facteurs et de dissoudre l'aliénation de l'homme par l'homme au sein des unités de production. Cette association capital-travail (ci-après la participation ou la Réforme) devrait également répondre à la baisse de la productivité du travail constatée ces dernières années en France (-5 % entre 2019 et mi-2023) et réconcilier les salariés avec une organisation du travail dans laquelle ils ont leur mot à dire tout en ayant vocation à être plus productifs. Afin de construire ce nouvel ordre productif et économique, il est nécessaire d'établir, à tous les étages de la pyramide des normes, une correction de notre doctrine réglementaire. La participation des salariés doit d'abord et avant tout se réaliser au sein des multinationales, car ce sont les unités de production où l'aliénation est la plus forte du fait de leur puissance et de la fragmentation de la chaîne de production ; mais la participation a vocation à s'installer comme modèle de régulation des relations entre employeur et travailleurs à travers l'ensemble de l'économie nationale par vagues successives (vague 1 : grandes entreprises et ETI, soit 51 % des salariés puis au bout de 5 ans, la vague 2 : les PME, soit 30 % supplémentaires, et les dispositions de branches dans les TPE).

Le premier acte de la participation nécessite l'adoption d'un addendum à la Déclaration des droits de l'homme et du citoyen de 1789 afin de corriger cette servitude que la Révolution française a laissé perdurer depuis deux siècles dans notre ordre moral, législatif et économique. Cet acte symbolique permettra de sacraliser la valeur constitutionnelle et les conséquences qui en résultent. *L'addendum* consacrera trois droits nouveaux inaliénables de l'homme et constitutifs de sa dignité :

Un droit des travailleurs à participer à une détermination significative et partagée à égalité avec l'employeur de l'organisation du travail des unités de production dans lesquelles ils travaillent, par eux-mêmes et par leurs représentants dans les conditions déterminées par la loi. Ce droit assure une **influence significative** sur les décisions prises par la gestion de ces unités de production, avec garantie d'absence d'ingérence étatique autre que pour assurer les libertés inaliénables de l'Homme et la défense des intérêts stratégiques de la Nation.

Un droit des travailleurs à la détention d'une part substantielle du capital des unités de production dans lesquelles ils travaillent ouvrant accès à une part proportionnelle des bénéfices et de participer au financement des pertes à hauteur de leur capacité financière.

Un droit des travailleurs à l'expression et leur libre organisation afin de permettre de répondre aux deux premiers droits, indépendamment d'organisations ayant d'autres buts que le travail (politiques, religieuses etc.). Ce droit serait doublé du devoir d'adhérer à une organisation syndicale.

Ces trois principaux piliers de la réforme du capitalisme créent les conditions d'une co-souveraineté salariée au sein de l'entreprise, mettant un terme à la servitude du salariat. En conséquence, les articles 2 et 17 de la Déclaration de 1789 doivent être corrigés de telle façon que la propriété privée soit encadrée par le droit de ceux qui concourent au processus de production si cette propriété est utilisée à des fins productives.

Cette solution est d'abord un impératif pour sortir de la crise morale dans laquelle la France et l'ensemble de l'Occident sont plongés depuis des décennies. La France redeviendra un pays où la promesse de liberté et d'émancipation retrouvera pleinement une réalité matérielle et concrète, après des décennies où les libertés publiques ont été malmenées. La co-souveraineté salariée est non seulement une nécessité au sein du système productif pour libérer les salariés de leur aliénation, mais aussi une obligation pour établir une organisation sociale plus équitable où les fractures entre individus se résorbent. Ce projet de participation doit être l'un des volets du grand projet de réconciliation nationale qui réunit les républicains des deux rives. Comme lors du Conseil National de la Résistance, seule une union forte et puissante de l'ensemble des forces républicaines de progrès peut permettre l'adoption d'un addendum à la Déclaration des droits de l'homme et du citoyen, devenue LA pierre angulaire de notre ordre juridique et moral au cours de la sédimentation de la République. Il est même souhaitable qu'une telle modification de notre ordre constitutionnel soit approuvée par référendum à hauteur d'une majorité qualifiée de 3/5e des inscrits.

La légitimité politique de cette transformation qui refonde notre République doit s'appuyer sur une large légitimité populaire, d'une part pour en assurer la pleine puissance opérationnelle (et imposer au capital ce partage des pouvoirs) et d'autre part pour assurer une pleine appropriation par le peuple-salarié des nouveaux droits et devoirs.

Le sempiternel débat qui existe au sein du mouvement social pour savoir si la propriété privée est un droit de l'homme ou pas est ainsi réglé : la propriété est bel et bien un droit inaliénable de l'homme, mais celui-ci est limité par le droit inaliénable des salariés à participer au processus des décisions qui les concernent directement.

Ce partage du pouvoir avec le capital devra atteindre un équilibre des pouvoirs entre capital et travail qui ne bloque pas la production. Le nouvel ordre juridique aura vocation à toujours assurer l'efficacité de la production comme juge de paix. La démocratie dans la production est un levier d'efficacité et non de blocage, car une machine bloquée ne peut (par définition) pas être la cause d'une aliénation quelconque. La propriété privée encadrée par l'expression des salariés crée une association capital-travail de fait puisque l'une n'est dorénavant pas envisageable sans l'autre, comme un yin et un yang, ou comme droit et devoir créent la citoyenneté.

Cet ordre nouveau ne pourra se réaliser qu'à la condition que la primauté du droit national soit restaurée sur le droit européen et qu'une modification constitutionnelle vienne l'entériner. Cela est absolument primordial pour éviter que des organes ou des puissances étrangères, sous influence du capital ou pour leurs intérêts propres, ne viennent s'ingérer dans cette refondation du fonctionnement productif. L'Union européenne devra devenir un ordre subsidiaire et non principal de sorte que la souveraineté de la Nation et du peuple ne soit plus parasitée ; il ne s'agit pas d'un blocage idéologique mais d'un impératif d'efficacité opérationnelle. Elle ne peut se faire que s'il existe un soutien populaire suffisamment puissant pour le forcer à s'y soumettre, or le peuple européen n'existant pas, seul le peuple à l'échelle nationale (en l'espèce, le peuple français) peut avoir la légitimité pour l'imposer. De plus, la Réforme implique un certain nombre de conséquences économiques et financières qui imposent la rupture avec les dogmes européens (par exemple sur la fiscalité ou la libre circulation des capitaux) pour pouvoir y répondre. Nous le développerons dans les chapitres suivants, mais la réponse pour la défense des intérêts nationaux, et donc du choix populaire français, devra passer par des actions qui seront incompatibles avec le cadre européen. Cela n'empêche évidemment pas la discussion et la diffusion des idées de la participation à travers le continent grâce à l'amitié entre les peuples européens, notamment en Allemagne, en Italie, en Espagne ou en Pologne. Ces quatre pays, additionnés à la France, pèsent près des deux tiers du PIB de l'Union

Européenne et concentrent un grand nombre des plus grandes capitalisations de multinationales. Ces pays ont également, chacun à leur manière, une histoire syndicale ancrée dans leurs mœurs nationales. En tout état de cause, aucune organisation supranationale n'aura la légitimité nécessaire pour tenir tête et réguler le capital et encore moins pour imposer de nouvelles libertés.

Une mécanique limitant les inégalités entre salariés (Illustration 1 et 2)

L'une des critiques importantes de la participation, telle que pensée dans les années 1960 et du pan-capitalisme, était qu'elle construisait un système inégalitaire entre salariés d'entreprises différentes, suivant leur niveau de performance, et que cela perpétuait les travers du capitalisme (la mise en compétition entre individus, le profit comme critère pivot des choix des individus, etc.). Afin d'y répondre, l'association capital-travail doit éviter que la rémunération découlant du dividende salarié ne vienne polluer le choix des travailleurs pour accepter une offre d'emploi. Cela risquerait de créer un cercle vicieux : il y aurait une possible corrélation négative entre les performances passées de l'entreprise et la productivité marginale des personnes embauchées, troublant le marché du travail, tirant la main-d'œuvre vers les secteurs et les entreprises à plus forte rentabilité.

De manière à résoudre ces interrogations, la Réforme nécessite, au contraire, de structurer une solidarité (par péréquation) entre travailleurs d'unités de production ayant des niveaux de rentabilité différents. Il en résulte que les parts détenues par les salariés doivent être détenues par une holding/coopérative (Société des Travailleurs – ci-après « ST »), mutualisant l'ensemble des parts et gérée par leurs représentants donc par les syndicats. Cette ST aurait pour vocation de recueillir une contribution constitutive équivalente à 1 à 3 % du patrimoine net de chaque travailleur (niveau à déterminer par le dialogue social) afin d'établir un capital constitutif, en échange de quoi chaque salarié recevrait une action de cette Société des Travailleurs et en deviendrait sociétaire. On peut estimer, que lors de la phase 1 de l'association capital-travail, une contribution de 1 à 3 % du patrimoine des 7,5 millions de travailleurs français au sein des multinationales/ETI, avec un patrimoine médian français de 177 000 €, permettrait d'établir un capital constitutif de 13 à 40 milliards d'euros, soit une contribution moyenne (=valeur unique d'une action salariée) de 1 700 à 5 100 € par travailleur, réévaluée à chaque fin d'année.

Lors de la phase constitutive, chaque filiale française de multinationale devrait transformer sa structure capitalistique en ouvrant son capital à la ST par création d' « actions salariales », devenant une société participative. Le nombre d'actions serait déterminé par le nombre des effectifs à la date d'ouverture du capital. La Société des Travailleurs versant pour chaque action une contribution fixe équivalente à la contribution moyenne (c'est-à-dire l'ensemble des contributions des sociétaires, divisé par le nombre de sociétaires soit environ 1 700 à 5 100 €) et serait ensuite réévaluée chaque année suivant la valeur unique de l'action salariée et les effectifs de l'entreprise. Par exemple, LVMH ayant 40 000 salariés en France, cette phase constitutive lui apporterait de 68 à 204 M€ de capital. La ST recevrait en échange une action salariale pour chaque travailleur, à la date constitutive ou à la date de son embauche, et la céderait à son départ, sans réaliser de plus-value, si ce n'est celle de la réévaluation marginale réalisée chaque année. Ces titres seraient *intuitu personae* et donc non cessibles et non transmissibles par la ST. L'ensemble de ces actions salariales ouvrirait droit à 33 % du contrôle de la filiale française.

Par voie de conséquence, la gouvernance des entreprises serait réformée (*Illustration 5*). Les représentants des salariés dans les organes de gouvernance ou de décision seraient librement élus par ces derniers :

Pour les conseils d'administration des filiales françaises, le nombre d'administrateurs salariés serait équivalent à 50 % du nombre d'administrateurs statutaires actuels. Ils seront élus pour un mandat de 2 ans renouvelable 1 fois, chaque candidature individuelle devant être visée par un syndicat représentatif.

Lors de l'assemblée générale, les élus du Comité Social et Economique (CSE) (agissant pour le compte de la ST) représenteront les droits de vote des salariés, leur droit de vote étant suspendu pour le choix des administrateurs non-salariés.

De plus, pour les sociétés tête de groupe ou cotées à la Bourse en France (*Illustration 4*), l'ensemble des travailleurs **du groupe** auraient donc un droit de contrôle équivalent à hauteur de 33 %, niveau qui pourrait être réduit en cas de contrôle éclaté, de façon à éviter que les salariés se retrouvent en situation de contrôle effectif du groupe. Ce tiers de contrôle serait ensuite réparti par filiale au prorata des effectifs. Les effectifs de chaque filiale voteraient tous les 4 ans pour rejoindre (ou non) la ST et donc exercer leur droit à participation. Si une filiale décide de ne pas exercer son droit, la quote-part de la filiale n'est pas exercée et cela réduit d'autant la part de contrôle des salariés du groupe. Par exemple, si une société A cotée en France a 50 % de ses effectifs en Pologne et que les travailleurs refusent d'exercer leur droit à participation, la part de contrôle des salariés dans le groupe est réduite de 50 % soit 50 %×33 %=16,5 %.

Pour ces sociétés tête de groupe ou cotées en Bourse en France (*Illustration 5*) :

Dans les conseils d'administration, les administrateurs représentant les salariés seront également au nombre de 50 % des administrateurs statutaires actuels et élus par liste (avec visa syndical français) pour un mandat de 2 ans renouvelable une fois, et incorporant des travailleurs étrangers au prorata des effectifs ayant intégré la ST.

Lors des assemblées générales, les représentants des salariés au nombre de 50 seront élus pour 4 ans au sein du groupe, par filiale au prorata des effectifs ayant intégré la ST, avec visa syndical suivant les règles locales en vigueur lorsque cela est applicable. Pour les représentants français, les élus du CSE élisent en leur sein les représentants. L'adhésion des filiales étrangères peut être imaginée dans un second temps et étalée sur 10 ans, de façon à ne pas créer un choc de défiance excessif sur les marchés français.

Le mécanisme de partage de la valeur suivrait la logique de partage capitalistique via deux mécanismes : le dividende et la plus-value. Le dividende salarié (*Illustration 3*) serait calculé sur la base du dividende tête de groupe distribué chaque année. Par principe, il serait réservé aux travailleurs du groupe un tiers des dividendes distribués par la tête, sous réserve de l'adhésion à l'association capital-travail. :

Dans les filiales françaises de groupes étrangers qui n'auraient pas instauré l'association capital-travail, il serait appliqué une quote-part contributive des dividendes revenant à la filiale française, calculée grâce au pourcentage contributif de la filiale française au résultat du groupe (l'EBITDA ou le résultat opérationnel). À ce dividende contributif, il conviendra d'appliquer le ratio de 33% pour obtenir le montant total de dividende salarié qui devra être versé à la ST. Par exemple, si les filiales françaises ont contribué à hauteur de 20 % de l'EBITDA groupe, la société devra verser l'équivalent de 20 % x 33 % soit 6,66 % des dividendes, à la ST. Si la contribution est négative et que la filiale française est en perte opérationnelle, il ne sera pas reversé de dividende salarié et celle-ci apportera une contribution de soutien à hauteur de 33 % des pertes de l'entité française.

Pour les sociétés tête de groupe ou cotées en France, la logique ci-dessus s'étend à l'ensemble des filiales ayant adhéré à la ST. Par exemple, si une société A cotée en France a 50 % de ses effectifs en Pologne et que les travailleurs acceptent d'exercer leur droit à participation, la part des dividendes des salariés dans le groupe est augmentée de 50 % soit 50 %×33 %=16,5 %.

L'ensemble des dividendes et contributions est ensuite mutualisé au sein de la Société des Travailleurs qui divise le résultat global par le nombre de sociétaires, puis applique un coefficient de performance d'entreprise compris entre 0,5 et 2,5, permettant de déterminer le dividende salarié individuel qu'elle versera chaque année à chaque salarié-sociétaire.

La même logique s'applique aux plus-values avec la contribution salariale sur celles-ci. Chaque année, toute multinationale devra calculer les plus-values ou moins-values nettes effectives réalisées par ses actionnaires ultimes. Il n'est pas question des plus-values latentes, mais bien des plus-values nettes effectives, suivies par la création d'un registre des actionnaires des sociétés multinationales opérant en France. Il sera reversé à la ST une quote-part de 33 % de ces plus-values effectives, à laquelle il sera appliqué le pourcentage contributif des filiales françaises. Par exemple, si Monsieur Johnson, citoyen américain, fait une plus-value de 1000 $ sur la vente de ses actions Apple et que les entités françaises ont un contributif de 20 % sur l'EBITDA du groupe d'Apple, il sera reversé à la ST une contribution de 1000 x 33 % x 20 % soit 66 $ et la logique inverse s'applique en cas de perte. Charge aux sociétés de droit étranger de prélever ces sommes ou de les prendre en charge.

Pour les sociétés tête de groupe de droit français, cela s'applique à l'ensemble des filiales ayant adhéré à la Société des Travailleurs. Celle-ci, mutualisant l'ensemble de ces versements, applique ensuite un coefficient de performance d'entreprise compris entre 0,5 et 2,5, permettant de déterminer une plus-value salariée individuelle qu'elle versera chaque année à chaque salarié-sociétaire. Ce versement sur les plus-values permet de compenser la logique capitaliste d'exploitation de la valeur travail. Selon l'économiste Karl Marx, les propriétaires des moyens de production extraient une survaleur du processus de production qui est l'essence même du profit et qui est construite par l'exploitation de l'homme par l'homme et, plus exactement, de l'exploitation des travailleurs.

Cette contribution des plus-values orientée vers le travail permet de compenser fortement ce surprofit créé par le système. Il est évident que, pour éviter de provoquer un choc excessif sur le système productif et sur l'orientation des choix d'investissement, une mise en place par paliers sur cinq ans peut être envisagée, mais la logique de répartition plus équitable des profits ainsi créés doit s'ancrer dans les esprits et les mœurs. De plus, il peut être envisagé d'encourager nos partenaires européens à mettre en place les mêmes mécanismes. Ce système vient remplacer l'ancien modèle de participation qui est désuet face à la mondialisation des processus et très clairement insuffisant quant à sa puissance. La notion d'effectifs s'entend comme l'ensemble des effectifs des entités juridiques, mais comprend également les salariés des sociétés amont et aval inclus dans la chaîne de valeur ayant un lien de dépendance avec les multinationales. Ces salariés sont souvent les grands oubliés des mécanismes de partage de la valeur, puisqu'elles ont souvent recours à de l'externalisation pour assurer un meilleur contrôle des marges.

Une démocratie sociale renouvelée

L'ensemble de ces règles permet d'assurer une gouvernance renouvelée, fonctionnelle et démocratique, dans le cadre des principes réformant les droits de l'homme. Le rôle des syndicats serait également renforcé, puisque à l'entrée dans l'entreprise, l'adhésion à un syndicat deviendrait obligatoire, devenant la pierre angulaire de l'association capital-travail. Les élections professionnelles devront être réformées pour être organisées les mêmes jours dans toutes les entreprises, avec participation obligatoire des salariés, à un seul tour. La création de nouveaux syndicats doit pouvoir être rendue plus simple en permettant leur création à condition d'obtenir 5 % de taux d'adhésion à travers le pays et au sein d'*a minima* 50 % des champs professionnels, la représentativité syndicale restant mesurée à travers les élections professionnelles. Les syndicats représentatifs nationalement seraient les gestionnaires de la Société des Travailleurs et resteraient garants de l'indépendance vis-à-vis de l'État.

Cependant, le désir de désintermédiation nécessite de trouver une application dans la démocratie sociale via le référendum d'initiative salariée, qui serait possible lorsqu'une initiative référendaire, signée par 10 % des effectifs et parrainée par un ou des syndicats ayant obtenu(s) au moins 30% aux élections professionnelles, serait élaborée autour de 5 variantes :

Le référendum à valeur exécutoire, dont les résultats auraient valeur obligatoire si l'initiative référendaire était validée à hauteur de 50 % des inscrits, sur les questions d'organisation du travail, de sécurité, d'hygiène et de santé.

Le référendum veto bloquant une décision majeure ou stratégique pour l'entreprise, si une majorité qualifiée de

3/5e des salariés inscrits s'y oppose. Dans ce cas, la proposition référendaire devrait être parrainée par un administrateur non salarié et être accompagnée d'une proposition alternative.

Le référendum de mise à l'agenda, permettant la mise à l'agenda du conseil d'administration d'une thématique spécifique si l'initiative référendaire était validée par 50 % des suffrages exprimés.

Le référendum visant validation ou la dénonciation d'accord d'entreprise, permettant de double-viser les accords signés lors des négociations collectives avec un seuil de validation de 50 % des exprimés

Le référendum révocatoire, visant à révoquer un administrateur salarié ou un représentant des salariés dans les organes de gouvernance ou au CSE, si le nombre de voix validant le référendum est supérieur aux voix obtenues lors de l'élection de l'élu, convoquant dans la foulée des élections partielles.

Ces référendums d'entreprise permettent de faire vivre l'expression des travailleurs sans pour autant court-circuiter les syndicats. En cas de tête de groupe de droit français, il est possible d'initier des référendums de groupe (sauf référendum visant validation ou la dénonciation d'accord d'entreprise) avec le parrainage de 30 % des représentants des salariés aux assemblées générales couvrant *a minima* 30 % des effectifs. C'est le conseil d'administration qui aurait la charge de veiller à la régularité du processus et de vérifier de l'atteinte des seuils de déclenchement.

Afin de laisser la possibilité à chaque travailleur de s'investir pleinement dans la démocratie sociale, chaque salarié pourrait solliciter une demi-journée (4 h) hebdomadaire de temps dédiée à l'organisation de la démocratie sociale, en dehors de ses heures de travail et rémunérée par la ST sur le budget des dividendes perçus.

Au-delà, chaque salarié aurait droit à l'expression sur le processus de production dans lequel il est inclus, via deux processus :

Une réunion de service ou d'atelier mensuelle d'une heure avec le responsable de service, durant laquelle chacun serait libre de s'exprimer sur l'organisation productive afin d'en proposer des améliorations ou de remonter les anomalies et les problématiques d'organisation du travail.

Un droit de question écrite (copie aux délégués syndicaux et au conseil d'administration) visant à questionner l'employeur sur une problématique précise et demandant une réponse sous 30 jours de la part de l'employeur.

Cette expression directe de l'employé dans le cadre de son travail est l'illustration parfaite de la rationalisation de la notion de subordination. Le salarié n'est plus totalement soumis, mais a vocation à devenir le codécisionnaire, le coconcepteur de son cadre de travail et de son organisation. S'il n'est pas souhaitable qu'une cacophonie décisionnelle s'installe, l'employeur ayant toujours le pouvoir de commandement, cette libre expression des travailleurs permet d'installer un équilibre des pouvoirs assurant l'expression de la dignité du travailleur.

Face à des situations de blocage, la commission de conciliation, composée des 5 représentants de salariés tirés au sort et 5 représentants de la direction (sans lien de subordination), aurait vocation à trancher les demandes individuelles ou de la direction qui seraient potentiellement conflictuelles ou dans lesquelles le travailleur suspecterait une inégalité de traitement, serait victime de harcèlement ou tout autre grief, la décision étant prise à la majorité des deux tiers. En cas d'impossibilité de statuer, cette situation personnelle pourrait être déférée au conseil d'administration sur demande des représentants des salariés tirés au sort. Cette nouvelle instance est un élément clé de la pacification des relations entre salariés et employeur, et installe l'idée que les intérêts convergent vers un même point, que l'arbitraire des décisions prises par l'employeur est susceptible d'appel, de correction éventuelle si la procédure n'a pas été régulière. Encore une fois, il ne s'agit pas de discuter le pouvoir de commandement de la direction, mais de le rendre relatif et non plus absolu, de le discuter, de l'encadrer. Cela revient à suivre la logique inhérente à la correction de la Déclaration des droits de l'homme et du citoyen : le pouvoir de propriété n'est pas un pouvoir absolu quand il met en jeu la dignité d'autres Hommes. C'est bien la notion d'équilibre des pouvoirs dans le processus de production qu'il s'agit d'institutionnaliser et de rendre concret afin de déboucher mécaniquement sur l'association du capital et du travail, puisque l'encadrement du capital le poussera à rechercher le consensus avec le travail, et le travail n'aura plus de raison de rechercher à s'y opposer à moins de vouloir définitivement le détruire.

La grande nouveauté dans cette refondation de la démocratie sociale est également l'intégration des salariés de la chaîne de valeur dans l'expression de leurs volontés au niveau du groupe. Nombre de travailleurs des TPE/PME sont les grands oubliés des dispositifs actuels de partage de la valeur et de démocratie sociale, puisqu'ils appartiennent à des organisations sans obligation de partage de valeur ou de représentation des salariés… malgré le fait que leurs organisations fassent partie de la chaîne de valeur des grands groupes.

Il serait donc utile de corriger cela de manière à intégrer ces travailleurs dans les mécanismes cités précédemment. Par conséquent, si des salariés travaillent dans une entité dont le chiffre d'affaires est inclus à plus de 66 % dans la chaîne de valeur des grands groupes, ils pourraient adhérer à la ST et obtenir le dividende salarié individuel (DSI) et la plus-value salariée individuelle (PVSI). Si ces salariés travaillent pour des grands groupes **français**, ils pourraient voter aux élections désignant les 50 représentants des salariés à l'assemblée générale de groupe, considérant que les sous-traitants français constituent une filiale à part entière, ainsi qu'aux élections de liste désignant les administrateurs salariés dans l'entité tête de groupe. Les effectifs seraient multipliés par la proportion du chiffre d'affaires que fait la *petite* entité avec la *grande* entité pour obtenir l'effectif à prendre en compte dans le calcul des représentants des salariés des grands groupes. Par exemple, si Dumont et Fils SARL réalise 30 % de son chiffre d'affaires avec Auchan et 70 % avec Carrefour, chaque travailleur serait compté comme 0,3 ETP dans le calcul des effectifs Auchan et 0,7 ETP dans le calcul des effectifs de Carrefour pour les élections des représentants des salariés au conseil d'administration et à l'assemblée générale des sociétés têtes de groupe français.

Le système de prélèvement sur dividendes et sur plus-values ne s'appliquerait que si le taux de marge de ces PME/TPE égalait ou dépassait celui des taux de marge des grands groupes. L'actionnariat des PME/TPE intégré dans la chaîne de valeur aurait également un droit préférentiel de souscription à toute augmentation de capital des grandes entreprises françaises dans lesquelles elles sont intégrées. Si l'intégration dépasse un seuil précis (20 ou 30 % de la valeur ajoutée, par exemple), il pourrait être institué un administrateur au sein du conseil d'administration de la société de tête des filiales françaises, représentant les dirigeants des PME/TPE. Cette protection des petits acteurs de la chaîne de valeur est une manière de répondre aux stratégies d'externalisation (outsourcing) des grands groupes voulant se délester des coûts liés aux activités qui ne sont pas leur cœur de métier, ce qui a eu pour effet de précariser tous ceux qui travaillaient dans ces métiers (sécurité, entretien, support informatique, etc.) et de les priver de la représentation de leurs intérêts dans le processus de production et des mécanismes de partage de la valeur. L'idée étant que seuls les salariés « productifs » (c'est-à-dire du *cœur de métier*) étaient légitimes à porter leurs intérêts et bénéficier des dispositifs de partage de la valeur. Cette stratégie du capital est très efficace, d'une part, pour réduire les coûts, mais aussi pour brouiller autant que possible la conscience de classe et constituer l'illusion d'une caste protégée : celle des productifs. Cela est évidemment une farce qui se dissipe progressivement, mais cela a été un stratagème très efficace durant les trente dernières années.

La formation populaire au cœur de cette nouvelle ère

Ces nouvelles responsabilités que les salariés vont devoir gérer doivent s'inscrire dans une logique de formation populaire en matière de gestion, d'économie et de finance. Le peuple des travailleurs, soit plusieurs millions d'actifs, va se retrouver avec la responsabilité de co-orienter leurs entreprises et va devenir coresponsable de celles-ci. Les connaissances des Français en économie sont loin d'être parfaites puisque, selon l'IFOP dans une enquête de 2017 pour la *Fondation Concorde,* moins de la moitié des Français se sentent à l'aise avec les questions économiques, et seulement 32 % des ouvriers. La France se situe au 14e rang sur les 39 pays de l'OCDE, selon une enquête menée en 2023 par la Banque de France. Cela signifie que la situation n'est pas catastrophique, mais loin d'être satisfaisante pour assurer les rôles qui vont incomber aux actifs via l'association capital-travail. Il est donc nécessaire que les travailleurs eux-mêmes mettent en place un système de formation efficace et démocratiquement organisé.

Tout d'abord, il est important que l'Éducation nationale prenne sa part dans la formation de notre jeunesse. Dès la classe de 4e, des cours d'initiation à la science économique et sociale (SES) devraient être dispensés pour se familiariser avec les notions fondamentales des mécanismes économiques et financiers, avec une épreuve spécifique pour l'obtention du brevet des collèges afin de valider les connaissances acquises. Au lycée et dans les filières professionnelles, des modules de gestion et de connaissances comptables et financières devraient être obligatoires pour valider les formations. Tous ces modules déboucheraient sur un Brevet de Connaissance Economique et de Gestion (BCEG), nécessaire à l'exercice d'un mandat représentatif en entreprise. Pour tous ceux qui ne l'auraient pas obtenu en formation initiale, ou lors pour la mise en place initiale, c'est la Société des Travailleurs qui aurait la charge du programme de formation de l'ensemble des travailleurs.

Cette éducation aux connaissances économiques serait supervisée par la Haute Autorité de la Formation Populaire en Economie et de Gestion qui rassemblerait les chercheurs, la ST (les syndicats) et les enseignants concernés du secondaire. Elle aurait la charge de coordonner l'ensemble des acteurs de la formation populaire en économie et gestion afin d'éviter qu'il n'y ait de biais idéologiques et assurer la transparence et la recherche en matière de participation, exclusivement financée par les cotisations des travailleurs. L'institution aurait pour vocation de faire le lien avec l'ensemble des acteurs français, mais également à travers le monde et d'être le siège de la recherche en management sur l'association capital-travail. En effet, cette nouvelle modalité de gouvernance des entreprises a vocation à évoluer avec l'apport des retours d'expérience. Contrairement à une idéologie prédéfinie, la participation doit pouvoir évoluer au fil de la réalité en maintenant l'objectif initial de combattre l'aliénation de l'homme au travail et de garantir l'efficacité et la rentabilité des unités de production marchande. De plus, la réalité dans certains pays ne sera pas forcément applicable ou transposable dans d'autres et ce sont ces différences que la recherche devra expliquer ou investiguer. Il est éminemment critique que les idéologies et les idées préconçues restent le plus longtemps possible éloignées de ce projet, afin d'éviter de le polluer et de l'orienter vers une voie qui ne défendrait pas les intérêts des travailleurs.

La formation tout au long de la vie professionnelle sur les questions économiques et financières sera au cœur de ce nouvel ordre économique. Le congé de formation économique, sociale et syndicale devra être ravivé. Il offre la possibilité à chaque salarié de bénéficier de 12 à 18 jours de congés payés pour se former sur les questions économiques. Ce congé a vocation à se démocratiser et à devenir obligatoire pour ceux qui détiennent des mandats. Il faudra probablement le rationaliser à 5 à 10 jours par an, mais en le popularisant par la ST afin qu'il soit l'occasion d'un échange entre travailleurs de milieux, d'origines géographiques et de professions différentes.

La question environnementale sera nécessairement un axe primordial de ces formations. L'impact de la production sur l'environnement, et en particulier les externalités négatives, doit absolument être au cœur de la réflexion des salariés et de leurs représentants sur les décisions qu'ils prendront pour orienter la production. Les salariés doivent être les garde-fous de la protection de l'environnement, de l'atteinte des objectifs de réduction d'émission de CO_2, et de l'adaptation de notre société aux enjeux climatiques. Une intégration des problématiques environnementales est d'ailleurs à prévoir dans l'indice de performance d'entreprise compris entre 0,5 et 2,5 déterminant le dividende salarié individuel (DSI) et la PVSI (Plus-value salariée individuelle) calculés chaque année. Evidemment, l'État doit jouer son rôle régulateur, mais les salariés, devenus codécisionnaires au sein de leur entreprise, deviennent coresponsables de l'empreinte environnementale des unités de production. Ils devront guider leurs entreprises vers des modes de production qui soient les plus respectueux de l'environnement et les plus neutres possibles ; en revanche, ils ne pourront pas être tenus responsables de l'impact environnemental de leur secteur. Par exemple, il n'est pas logique que des travailleurs du secteur pétrolier soient considérés comme responsables de l'impact environnemental de leur secteur, puisque c'est un cadre plus global qui est concerné, à savoir la régulation étatique qui a pour but d'orienter la production nationale vers une construction plus respectueuse de l'environnement. La formation favorise la prise de conscience et construit les possibilités d'action pour leurs représentants élus.

La recherche économique qui structurera cette formation populaire pourra s'appuyer sur la mutualisation des données que la participation des salariés permettra de récupérer concernant les entreprises et l'économie nationale. Cette *révolution statistique* nécessite probablement d'être accompagnée par une antenne statistique au sein de la ST, cogérée avec l'INSEE, pour s'assurer de suivre l'évolution de ce nouveau monde en temps réel, mais surtout accessible à n'importe quel travailleur afin de lui permettre d'assurer son travail de défense de ses intérêts. L'un des plus grands défis auxquels les salariés doivent faire face est l'asymétrie d'information entre le capital et le travail. C'est grâce à cette asymétrie d'information que certaines entreprises ont pu raconter un narratif sombre pendant la crise du Covid-19, alors même que leurs activités (et leurs rentabilités) n'étaient que marginalement affectées par la crise sanitaire, justifiant des efforts pour les salariés qui s'y sont soumis de bon gré et de bonne foi… pensant sauver leurs emplois et leurs rémunérations.

Une justice prud'homale réformée

La justice prud'homale est totalement engorgée et n'assure plus vraiment son rôle premier d'arbitrage des conflits dans le monde du travail et de réparation des préjudices subis par les salariés. Il n'est pas rare de voir des délais de procédure s'étendre pendant des années. Certaines affaires traînent quatre à six ans avant d'aboutir à une conclusion définitive. Ces délais découragent évidemment de porter les affaires en justice. Ce déni de justice est inacceptable en démocratie. Une réforme des procédures s'impose pour assurer la réalité de la justice sociale, réparer les préjudices subis dans un temps raisonnable et freiner les excès des multinationales qui comptent sur la lenteur de la justice pour différer les coûts, et donc, les responsabilités. Il est rare qu'une personne soit toujours en poste au bout d'un délai aussi long, ce qui permet de rendre de facto irresponsables les personnes à l'origine d'agissements nocifs pour l'humain.

Il devrait être institué un principe opposable d'une procédure rendue en première instance en un an et l'appel en deux ans maximum. Pour cela, les moyens de la justice prud'homale devraient être décuplés par le tirage au sort, au sein des élus ou anciens élus d'autant de personnes que nécessaire pour honorer cette promesse, le patronat s'organisant comme il le souhaite pour assurer la nomination de ses représentants. Des modules de formation au droit seraient inclus dans le parcours de formation des élus afin d'établir un vivier suffisamment puissant pour répondre à cette exigence. Le BCEG pourrait ainsi devenir un « Brevet des Connaissances Economiques, de Gestion et de Droit » pour ceux qui auraient validé les modules de droit nécessaires à la désignation en tant que juré dans les tribunaux prud'homaux.

Au sein des entreprises, la commission des conciliations aidera à désengorger les procédures contentieuses en étant un préalable obligatoire à toute procédure prud'homale. L'avis de cette commission, ainsi que la réponse éventuelle du conseil d'administration en cas d'impossibilité de trancher, pourraient constituer une première étape avant d'enclencher des procédures contentieuses. Cela rendrait la négociation entre les parties un préalable indispensable et favoriserait les solutions amiables. Le passage devant les tribunaux prud'homaux pourrait être rendu plus coûteux pour les entreprises qui auraient bloqué sciemment une solution amiable au sein de la commission de conciliation. Les entreprises doivent être incitées à transiger le plus possible pour éviter qu'elles jouent la montre et l'impunité. Il ne s'agirait pas de la reconnaissance d'une quelconque culpabilité, mais d'un pragmatisme collectif. La justice prud'homale doit également être soutenue par l'État via l'embauche de juges en cours d'appel et à la Cour de cassation pour assurer la promesse de justice sociale.

L'association capital-travail dans les TPE

La réforme des branches professionnelles est également urgente afin de répondre aux exigences de ce nouvel ordre économique. D'une part, l'inversion de la pyramide des normes doit être soumise à condition. La dérogation défavorable aux règles conventionnelles ou aux dispositions supplétives du Code du travail ne doit être possible qu'en cas de risque pour la continuité d'exploitation de l'entreprise, temporaire et validé par l'inspection du travail. Cela permettra d'éviter que des entreprises court-circuitent les dispositions conventionnelles de branche, créant des dumpings sociaux en toute légalité, et donc de rendre aux branches professionnelles leur légitimité d'antan.

Cependant, il faut adapter la pyramide des normes pour garantir un plus grand champ de négociation et de pouvoir aux salariés dans le cadre de l'association capital-travail. Les dispositions conventionnelles ne doivent désormais concerner que les entreprises non couvertes par les dispositions de la Réforme, à savoir les TPE. Ces branches professionnelles auraient néanmoins la possibilité de prendre des dispositions générales afin d'éviter que des situations de dumping social ne perdurent.

La pyramide des normes s'étagerait de la façon suivante :

Les dispositions d'ordre public du Code du travail qui donnent le cadre général du travail de droit français ;

Les dispositions générales des branches professionnelles, réduites à des dispositions antidumping (salaires minimum conventionnels notamment) ;

Soit les dispositions supplétives de branches qui concernent les salariés non couverts par les dispositions de l'association capital-travail, en particulier ceux travaillant dans les TPE ;

Soit le champ de négociations collectives des salariés couverts par les dispositions de la Réforme qui reprendraient l'ensemble du champ de compétences des branches professionnelles.

Cette réduction du champ des compétences des branches professionnelles n'est que la conséquence directe du principe de subsidiarité, à savoir que c'est l'échelon compétent le plus bas du mille-feuille administratif qui a la compétence d'action. Dans les multinationales, la compétence du dialogue social doit être la plus étendue possible au vu de la puissance économique de ces entreprises. D'autant que ces entreprises ont souvent joué un rôle limitant dans les négociations de branche afin d'éviter d'être entravées dans leur toute-puissance. Les travailleurs des grandes entreprises perdent souvent la notion d'attachement à leur branche professionnelle et citent plus volontiers leur entreprise pour qualifier leur emploi, ce qui n'est pas forcément le cas des petites structures. Il est important de redonner à chaque salarié le pouvoir qui lui est le plus adéquat et de laisser le dialogue social s'épanouir dans un cadre le moins limitant possible. Le patronat des TPE aurait un pouvoir spécifique reconnu, puisqu'il serait le chef d'orchestre (et de régulation) des excès potentiels des pratiques anticoncurrentielles des grands groupes en matière de politique sociale. Logiquement, seuls les représentants salariaux et patronaux des TPE siègeraient à terme dans les instances de branche.

Le rôle de l'État reste cependant primordial afin de veiller, d'une part, à ce que les branches professionnelles jouent réellement un rôle antidumping, et d'autre part à ce que les pratiques sociales des grands groupes d'un secteur puissent bénéficier à tous les salariés de la branche (et donc ceux des petites structures) lorsque cela est possible. L'État garderait la possibilité de forcer les branches, dans leurs dispositions supplétives, à étendre des avantages sociaux qui seraient des pratiques de place dans les grands groupes du secteur. Par exemple, si 80 à 90 % des mutuelles des grands groupes du secteur de l'aéronautique prennent en charge à 100 % les remboursements des séances de kinésithérapie, l'État doit pouvoir l'étendre aux travailleurs des petites structures de ce secteur.

Les branches professionnelles auraient également pour compétence d'adapter les principes de l'*addendum* et ainsi de prévoir le mécanisme de partage de la valeur et d'accès au capital des TPE, afin de compenser l'absence de DSI et de PVSI pour les salariés non couverts par les dispositions de l'association capital-travail. L'objectif serait double : d'une part, assurer des modèles de partage de la valeur qui soient opérants et compensent l'inégalité entre les salariés pour tangenter les niveaux constatés dans les grands groupes de la branche ; d'autre part, participer à l'effort national de redressement de la productivité du travail et créer un lien financier d'incitation entre performance collective et rémunération individuelle.

La démocratie sociale ainsi renouvelée a également pour but une meilleure incarnation de la représentation des salariés dans les TPE via des élections de branche par liste et non plus par étiquette syndicale. De plus, ils éliraient un représentant parmi leur rang pour prendre part à un « point social trimestriel » réalisé en commun avec un élu de branche pour évoquer les demandes et revendications des salariés. Ce binôme aurait également la légitimité pour négocier des accords d'entreprise. La représentation des salariés dans les organes de gouvernance de l'entreprise serait à déterminer par les branches professionnelles via les mécanismes d'accès au capital des TPE.

Quoi qu'il en soit, aucun travailleur de droit privé ne doit être privé des nouveaux droits fondamentaux et inaliénables de l'homme qui lui auront été octroyés via l'*addendum*, mais dans le cadre des TPE, il faudra veiller à ce que l'exercice de ces droits ne nuise pas à l'efficacité productive et, en particulier, à la capacité de développement des entreprises ; raison pour laquelle c'est à chaque branche professionnelle qu'incomberait le devoir de trouver le moyen juridique d'une application concrète de ces principes. C'est aussi le retour d'expérience de la vague 1 de l'association capital- travail qui pourra orienter les branches professionnelles, d'où l'importance fondamentale des organes de recherche en la matière pour pouvoir apprendre et adapter pour les TPE un type de participation qui favorise le plus possible leur développement et ne décourage pas ceux qui veulent créer/innover.

CHAPITRE 2 : UNE NÉCESSAIRE TRANSFORMATION DES INSTITUTIONS ET DE LA RÉGULATION ÉTATIQUE

Le nouvel ordre économique nécessite de transformer les institutions et le rôle de l'État dans l'économie. Les partenaires sociaux doivent pouvoir incarner une partie du pouvoir législatif et exercer une influence sur toutes les décisions qui toucheraient au monde du travail, tout en transformant le rôle de l'État dont le contour des interventions serait recentré sur un rôle régulateur et d'avant-garde productive.

Une transformation profonde des institutions de la Ve République (Illustration 6)

Une transformation très profonde des institutions de la Ve République est nécessaire pour aligner l'importance de l'association capital-travail dans l'économie nationale avec nos institutions. Les élus du personnel doivent être autant considérés que les élus des territoires. La démocratie indirecte doit s'élargir afin d'intégrer l'expression des salariés au sein des institutions républicaines. Cela est un impératif démocratique pour permettre aux salariés de peser sur les décisions qui les concernent à travers l'ensemble des organes décisionnels ayant un impact sur leur vie. La République doit (re)placer le travail au cœur de son modèle moral et lui laisser une place au sein de ses institutions. C'est aussi une manière d'ancrer définitivement la régulation du capital par les travailleurs eux-mêmes comme une constante institutionnelle dans l'entièreté des échelons de gouvernance.

D'une part, il est fondamental que le Référendum d'Initiative Salariée (RIS) retrouve son corollaire dans le fonctionnement de la Nation avec le référendum d'initiative citoyenne (RIC) et bâtir une continuité dans la désintermédiation des décisions qui concernent directement les citoyens en éliminant tout sujet tabou de ce RIC, sauf les droits inaliénables de l'Homme qui existent par définition, et surtout en abaissant le seuil à 3-5 % du corps électoral. Ces initiatives miroir ont vocation à stimuler la conscience citoyenne afin de convaincre les citoyens qu'ils sont pleinement et de plus en plus souverains de leurs destins personnels et collectifs. Nous devons nous inspirer des votations suisses qui fonctionnent incroyablement bien et permettent une aération démocratique en apaisant le climat social et politique. Plus les citoyens et les citoyens-salariés auront le sentiment de participer au processus de décision, moins il y aura recours à la violence et moins le populisme aura un espace d'existence au sein de nos sociétés. Les dynamiques au sein de la société dans son ensemble et le monde du travail ont une forte porosité : le RIS ne va pas sans le RIC et inversement puisque le RIC peut créer des réflexes et des habitudes qui pourront s'exprimer au sein du monde du travail.

L'évolution des institutions envisagée par le général De Gaulle lors du référendum du 27 avril 1969, qui proposa de fusionner le CESE (qui n'était alors que le Conseil économique et Social) avec le Sénat pour en faire une chambre consultative, est une ébauche intéressante. Elle avait alors été rejetée par les Français dans un contexte de fatigue du pouvoir gaulliste, mais aussi probablement d'un faible engouement des gaullistes eux-mêmes face à une réforme institutionnelle incomprise et mal expliquée par le général De Gaulle. Cependant, ce projet avant-gardiste peut inspirer le renouveau institutionnel de l'association capital-travail tel qu'imaginé précédemment, en le rendant plus puissant encore. Le Sénat pourra donc être réformé de façon à intégrer l'ensemble des corps socio-économiques dans le processus législatif, en gardant le rôle institutionnel du Sénat tel quel et non pas en le rendant consultatif. Les 348 membres actuels représentant les collectivités territoriales doivent être réduits à 150 seulement, à quoi se rajouteraient 100 représentants des salariés désignés par l'ensemble des représentants du personnel, 100 représentants des entreprises, des exploitants agricoles, des artisans, des professions libérales, des mutuelles, des coopératives et des chambres consulaires, et 50 représentants du secteur associatif et 23 représentants au titre de la protection de la nature et de l'environnement. Cette constitution du Sénat fusionnerait ainsi le Sénat et l'actuel CESE (Conseil économique, social et environnemental) et porterait à 423 le nombre de sénateurs, pour un mandat de 6 ans (*Illustration 6*).

Les élections sénatoriales se tiendraient pour l'ensemble des collèges à la même date, renouvelé par moitié tous les 3 ans. Les sénateurs des salariés seraient élus par l'ensemble de leurs représentants ayant un mandat à la date de l'élection, incluant les élus CSE, les délégués syndicaux, et les représentants élus des salariés aux conseils d'administration et les élus de branche, élus au scrutin de liste proportionnel à un tour où seuls les syndicats représentatifs nationalement pourraient constituer des listes. Ces sénateurs élus ne pourraient pas siéger au sein de groupes politiques élus par les représentants des collectivités territoriales afin de ne pas créer de collusion et de maintenir l'indépendance des élus des salariés vis-à-vis des influences politiques.

Le rôle institutionnel serait inchangé dans l'organisation des pouvoirs et la navette parlementaire ; cependant les représentants des salariés pourraient bloquer, à la majorité des 4/5e, sous condition que les représentants des entreprises valident cette position au minimum à hauteur d'un 1/5e, tout projet législatif ayant un impact significatif sur le monde du travail et les comptes sociaux. Les autres élus du Sénat auront la possibilité de demander confirmation, à la majorité absolue, à l'ensemble des salariés via une votation salariale s'ils confirment cette position ou non. Ce droit de veto formaliserait institutionnellement l'importance suprême que revêt la démocratie sociale dans le nouvel ordre économique et sa traduction politique. Les travailleurs détiendraient une partie du pouvoir législatif, et dans le domaine de compétence du travail, une compétence spécifique partagée avec le patronat. Seul le pouvoir judiciaire d'appel, de cassation et de contrôle constitutionnel aurait le pouvoir d'interférer dans le monde du travail sans veto possible, respectant la séparation des pouvoirs telle que conçue selon les Lumières.

Cette solution vient très fortement renforcer le pouvoir législatif, qui aurait un champ d'intervention spécifique propre, tout comme l'exécutif a un champ réservé, à savoir la mobilisation de l'armée à l'extérieur du territoire pour une période inférieure à 4 mois ou bien l'utilisation de l'arme nucléaire. Le travail, partie intégrante du pouvoir législatif, aurait la possibilité de bloquer toute volonté de l'exécutif dans le domaine du travail sans accord préalable de ses représentants. Ce pouvoir octroyé provient d'une légitimité populaire spécifique créée par l'association capital-travail et par les mécanismes de démocratie directe institués par le RIS et *la votation salariale de confirmation.* À noter qu'il pourra être institué une *votation salariale révocatoire* afin de permettre aux salariés de révoquer des élus qu'ils ne souhaiteraient plus voir être élus au Sénat. L'ensemble de ce schéma institutionnel garantit et renforce le contrôle qu'ont les travailleurs sur leur destin en ne laissant pas l'État intervenir dans l'organisation sociale si les salariés considèrent que cela est radicalement opposé à leurs intérêts, obligeant le gouvernement à de vraies consultations et négociations préalables à tout projet relatif au monde du travail, contrairement à la situation actuelle où le gouvernement consulte le monde du travail pour la forme. C'est aussi un moyen préventif pour éviter que ne se répète ce qui s'est passé dans les années 1980 avec un interventionnisme de plus en plus fréquent de l'État dans les affaires sociales et le paritarisme de la gestion des organismes sociaux. Le budget de la Sécurité sociale devra être coconstruit par un organe regroupant l'État et les représentants du monde du travail (salariés et employeurs) afin de trouver un consensus avant le dépôt du projet de loi de financement de la Sécurité sociale.

Enfin, la refonte des institutions aura un impact sur les collectivités locales. C'était d'ailleurs une piste déjà présentée par le général De Gaulle dans la réforme d'avril 1969. Il était alors proposé que les conseils régionaux soient élus pour 2/5e par les organes représentatifs. La proportion pourra être discutée, mais il est probablement important qu'une partie conséquente des conseillers régionaux soit désignée par les représentants des salariés et des chefs d'entreprise. Les conseils régionaux ayant désormais des compétences accrues dans le développement économique et dans les politiques de transport, cela entraîne des conséquences dans le développement des unités de production. Il apparaît opportun que les représentants de ces professionnels siègent dans les conseils régionaux afin de pouvoir exercer une influence sur le développement économique territorial. Il est probable que la proportion envisagée par la réforme de 1969 soit un peu excessive et nécessite qu'elle soit revue à la baisse, mais en veillant à ce que les représentants des corps constitués soient suffisamment importants pour influer sur les décisions prises au sein de ces assemblées.

Techniquement, ce sera le moment propice de développer la citoyenneté salariée comme une citoyenneté numérique via une plateforme sécurisée permettant aux travailleurs de voter pour élire leurs représentants, lors des référendums d'initiative salariée ou lors des votations salariales. La multiplication des consultations doit pouvoir se faire via des moyens numériques sécurisés afin de répondre facilement à la multiplication de celles-ci.

L'ensemble de ces évolutions institutionnelles nécessite des évolutions constitutionnelles qu'il serait judicieux de soumettre à référendum en même temps que la ratification de l'*addendum.* Seul l'assentiment massif du peuple à ces évolutions de structure de notre société peut donner le souffle et la légitimité nécessaire à son instauration, d'autant que les partis et l'ensemble des mouvements politiques qui perdront de l'influence via ces évolutions (en particulier les sénateurs et les élus régionaux actuels) seront de terribles forces conservatrices. L'ironie de l'histoire est probablement que ceux qui freineront le plus… seront ceux qui se réclament du gaullisme. En tout état de cause, la volonté populaire de construire la participation comme système politique n'aura son entière légitimité que si elle est ratifiée par un grand référendum incluant ces évolutions constitutionnelles.

Inspection du travail refondée en préfecture

L'inspection du travail est un corps d'état, créé en France par la loi du 2 novembre 1892, qui est un organe de contrôle des entreprises en matière sociale. Selon les sites gouvernementaux : « *Les agents de contrôle de l'inspection du travail ont pour mission de contrôler l'application du droit du travail (Code du travail, conventions et accords collectifs) dans tous ses aspects : santé et sécurité, fonctionnement des institutions représentatives du personnel (comité social et économique...), durée du travail, contrat de travail, travail illégal. »*

Ce corps est rattaché au ministère du Travail depuis sa création en 1906, avec des déclinaisons régionales et départementales au sein des directions régionales/départementales de l'économie, de l'emploi, du travail et des solidarités. La convention n° 81 de l'Organisation Internationale du Travail (OIT) oblige l'ensemble des pays ratifiant cette convention à se doter « d'un système d'inspection du travail chargé d'assurer l'application des dispositions légales relatives aux conditions de travail et à la protection des travailleurs dans l'exercice de leur profession ». La France l'ayant ratifiée en décembre 1950, elle est donc dans l'obligation, depuis 75 ans, de maintenir ce corps.

Cependant, depuis la présidence Sarkozy, l'inspection du travail souffre fortement d'un manque de moyens et d'attractivité, faisant passer ses effectifs de 2 879 agents de contrôle en 2005 à 1 867 en 2023, soit une baisse de 35 % en 18 ans, alors même que le nombre d'entreprises n'a cessé d'exploser en France, passant de 2,361 millions d'entreprises en 2008 à plus de 3 millions en 2020, soit une augmentation de 14 % en 12 ans. À lui seul, ce constat indique que la force régulatrice s'est affaiblie et ne lui permet plus de contrôler correctement les entreprises. La mission de l'inspection du travail qui lui avait été confiée au début du XXe siècle n'est plus totalement remplie et cela est l'une des causes de la recrudescence des accidents du travail et du malaise français au travail.

À l'ère de l'association capital-travail, la mission de l'inspection du travail nécessite une refonte en la transformant en vraie préfecture économique et sociale. D'une part, les effectifs de ce corps d'état devront être multipliés autant que nécessaire, au minimum par cinq pour assurer l'effectivité de son pouvoir. Il n'est plus supportable de voir un pays où la santé et la sécurité des salariés sont autant négligées parce que l'inspection du travail manque d'effectifs. Au-delà, il est nécessaire de la repenser pour lui donner un nouvel élan et un nouveau rôle. Raison pour laquelle la régulation économique et sociale doit passer par la création de *préfets économiques et sociaux* qui seraient nommés en même temps que les préfets dans chaque département pour veiller à l'ordre économique et social. Ils auraient pour vocation de diriger les directions départementales de l'économie, du travail, de l'emploi et des solidarités dont dépend territorialement l'inspection du travail. Les services réguleraient les entreprises via 3 niveaux d'action possibles :

La présence dans les conseils d'administration et dans les CSE. Cette présence serait obligatoire dans les entreprises de plus de 1 000 salariés, possible dans les autres entreprises à la demande d'un syndicat représentatif ou des collectivités territoriales. Ce préfet (ou son représentant) aurait la possibilité de mettre à l'ordre du jour des organes de gouvernance un point ou un droit de veto afin de défendre l'ordre constitutionnel (en particulier les principes de la Réforme), les libertés publiques et fondamentales, la dignité humaine, la protection de l'environnement ou bien les intérêts vitaux de la Nation. Ce droit de veto serait évidemment susceptible de contestation sous 8 jours auprès du Conseil d'État. L'ensemble des PV de CSE serait envoyé aux services de cette préfecture, puis analysé via intelligence artificielle pour détecter toute nécessité d'intervention afin d'assurer l'ordre économique et social.

L'intervention de contrôle des conditions de sécurité, de santé et d'hygiène sur demande des CSE, des syndicats ou d'un salarié (missions actuelles de l'inspection du travail), pouvant déboucher sur des constats d'infraction ou des injonctions d'action, mais également élargie aux questions environnementales ou au respect des principes de l'association capital-travail.

Une notation annuelle de la responsabilité sociale des entreprises dépassant les seuils nécessitant l'intervention de commissaires aux comptes. Cette notation annuelle serait graduée de 1 à 20, suivant le respect de certains critères écologiques, sociaux et économiques, qui viendrait moduler le taux d'imposition sur les sociétés et des charges sociales patronales. Plusieurs années de notation inférieure à 5 donneraient le droit à l'État de fermer l'entreprise ou bien de la nationaliser temporairement. Cette notation serait automatique pour les entreprises de moins de 250 salariés sur la base des données renseignées par les entreprises et auditées par les commissaires aux comptes. Pour les entreprises de plus de 250 salariés, la notation se réaliserait après une intervention physique des services de la préfecture pour garantir un contrôle qualitatif de la responsabilité sociale de l'entreprise. Elle permettrait de trouver (enfin !) un moyen d'internaliser les externalités qui correspondent à des effets négatifs ou positifs d'un agent économique sur un autre sans compensation monétaire. Par exemple, lorsqu'une entreprise crée un management toxique, elle a un effet néfaste sur la santé des travailleurs sans qu'elle n'en paie le prix. L'internalisation des externalités correspond au concept de pollueur-payeur. Une entreprise avec une politique sociale vertueuse serait récompensée par une baisse de sa fiscalité pour la dédommager des externalités positives qu'elle crée pour le bien-être de ses salariés et, inversement, une entreprise qui polluerait l'environnement sans plan d'action verrait sa fiscalité alourdie pour lui faire payer les externalités négatives qu'elle génère sur l'environnement et la santé des citoyens. Les externalités sont un exemple typique de l'inefficacité du marché. L'État remplirait ainsi le rôle de régulateur et de correcteur des inefficacités du marché ; son intervention n'a pas pour but de s'immiscer dans les mécanismes, mais d'en corriger/d'en pallier les inefficacités. La notation annuelle de la RSE serait soumise à vote consultatif du CSE et à discussion préalable avec la direction. Le rapport de la préfecture motivant cette notation pourrait être rendu public.

L'inspection du travail aurait vocation à être intégrée dans cette préfecture économique pour en alimenter le volet social avec la nécessité d'un grand *aggiornamento* concernant la question de la santé mentale. Aujourd'hui, une grande partie des interventions et contrôles de l'inspection du travail reste concentrée sur la santé physique des salariés, qui fut la mission première de l'inspection du travail. La santé mentale et psychique des salariés n'est que très peu le cœur d'intervention de l'inspection du travail. Elle n'est quasiment pas évoquée dans son bilan d'activité en 2022 par exemple. Cette absence de la santé mentale se retrouve dans le faible nombre de cas d'épuisement professionnel qui sont considérés comme des maladies/accidents professionnels, très probablement à cause du tsunami financier que cela occasionnerait et que nos comptes sociaux ne pourraient pas absorber.

L'impact mental et psychologique du travail est l'un des sujets de santé publique les plus mal appréhendés de notre époque. Dans une économie fortement tertiarisée, c'est pourtant bien le risque auquel les salariés du privé sont le plus communément exposés et face auquel le rôle protecteur de l'État ne s'exerce quasiment pas. Là aussi, il faudra s'appuyer sur la recherche en management, en santé mentale et comportementale pour déterminer une politique de prévention efficace. Il est absolument capital qu'elle soit au cœur de l'intervention des préfectures économiques et sociales, tant dans l'action de contrôle et de sanction que de prévention. Cette question n'est pas aussi blanche ou noire que les risques physiques, puisque l'exposition aux agents mutagènes ou cancérigènes dans le cadre du travail n'a souvent pas de cofacteurs de risque dans la vie privée du salarié. Dans le cadre de la santé mentale, les syndromes d'épuisement ou de burn-out sont parfois multifactoriels et il est compliqué de déterminer la part liée au travail et la part liée à la vie personnelle du travailleur.

La préfecture économique et sociale doit également avoir à cœur de protéger l'expression de la démocratie sociale renouvelée, en assurant un rôle de vigie afin que les employeurs ne discriminent pas ceux qui s'exprimeront au sein de leur entreprise. À ce titre, la procédure de licenciement pourrait être remaniée de façon à éviter des licenciements qui ressembleraient à des purges. Chaque salarié pourrait solliciter la présence d'un membre de la préfecture économique et sociale, qui aurait la possibilité d'opposer un veto s'il considère que le licenciement porte atteinte à la dignité du travailleur et à son droit d'expression. Ce veto ne s'interpréterait que sur ces fondements des droits fondamentaux et non sur la justification ou le bienfondé de la procédure, mais il permet d'assurer le droit à l'expression de chacun sans que cela n'ait de conséquences sur l'emploi. De même, chaque salarié pourrait demander l'intervention de la préfecture économique s'il juge qu'il existe une inégalité de traitement ou une situation discriminatoire.

Transformation des régimes sociaux et fiscaux

L'association capital-travail ne peut se construire sans une réforme en profondeur de la fiscalité des entreprises, notamment concernant le volet du financement des régimes sociaux. Cette réforme de la fiscalité aura pour but de corriger les inégalités entre unités de production. Il n'est pas normal qu'une petite PME commercialisant le miel de sa ferme paie un impôt égal ou parfois supérieur à une multinationale. L'esprit de la Réforme est d'insuffler une équité fiscale au regard du poids démesuré des multinationales dans la production de valeur mondiale et nationale. Elle recréera des marges de manœuvre productives par un transfert de la fiscalité du travail vers la consommation afin que le travail soit le moins taxé possible pour l'encourager.

En premier lieu, l'abolition du mécanisme des prix de transfert est décisive pour éviter que les multinationales ne « hackent » le système en profitant du dumping fiscal de certains pays de l'espace économique européen. Les produits manufacturés des grands groupes doivent être importés à prix coûtant et la marge opérationnelle taxée en conséquence. L'État et le peuple français n'ont pas vocation à financer la marge et la Recherche et Développement (R&D) des grands groupes internationaux. On ne comprend pas, d'ailleurs, d'où est venue cette folie idéologique de subventionner les dépenses de R&D des grands groupes… créant une surmarge pour ces entités. Une innovation est à l'origine d'un avantage compétitif pour un groupe ; le financement de la R&D est automatique par les mécanismes de marché permettant aux entreprises innovantes de vendre des biens et services plus cher que leurs concurrents et de remboursant leurs frais de recherche et développement. Les prix de transfert doivent être abolis et la marge des entités françaises taxée sans évaporation. C'est une mesure de justice fiscale et sociale évidente qui pourra rapporter des milliards d'euros au budget de l'État, rétablir une situation anticoncurrentielle avec des PME/ETI qui n'ont pas les moyens de mettre en place ces prix de transfert et récupérer des marges de manœuvre pour le développement d'une politique industrielle.

Au-delà, la progressivité de la fiscalité aura vocation à être le nouveau principe angulaire de la taxation des entreprises, sachant qu'elle s'applique déjà sur l'impôt sur le revenu : le taux d'imposition est croissant avec le niveau de revenu. Par exemple, une personne dont le revenu est de

1 500€/mois aura un taux réel d'imposition de 5 % contre un taux réel d'imposition de 10 % pour une personne dont le revenu est de 3 000 €/mois. Ce principe s'appliquerait aux entreprises via une modulation de l'impôt sur les sociétés et des charges sociales patronales. Une petite entreprise doit avoir un plus faible taux d'imposition qu'une grande entreprise. C'est une mesure de justice sociale qui permet aux petites entreprises de retrouver des possibilités pour innover ou se développer ; cette taxation progressive des entreprises acte que les multinationales ont un devoir et une responsabilité sociale plus importants du fait de la concentration de l'économie au sein de ces dernières.

De plus, afin de ne pas laisser penser que la France serait un « enfer fiscal » pour la production, les cotisations sociales patronales et salariales dans leur globalité seraient progressivement réduites autant que possible via deux mécanismes : d'une part, via la TVA sociale progressive et , d'autre part, via un étage de capitalisation des retraites permis par l'association capital-travail.

La TVA sociale progressive viendrait augmenter le taux médian de TVA de 5 points en 5 ans et assurerait un transfert de la taxation du travail vers la consommation de l'ordre de 50 milliards d'euros, via une baisse de 2 points environ des cotisations sociales salariés et 5 points de baisse des cotisations patronales. Ce transfert se réalisant via une transformation de la TVA en impôt progressif. La TVA a souvent été considérée comme l'impôt le plus injuste puisque son taux de 20% est le même quel que soit le niveau de revenu, même si ce n'est pas totalement vrai puisque les ménages les plus pauvres consomment plus de biens et services à taux réduit, cristallisant un taux réel de TVA légèrement progressif ; mais ce taux unique nécessite une correction. Chaque citoyen, au moment de payer un bien ou un service, payerait avec une carte bancaire reliée à l'administration fiscale ou, en cas de paiement en espèces devra présenter une carte d'identification fiscale afin d'additionner ces dépenses mensuelles sur le territoire national. À chaque fin de mois, l'administration fiscale prélèverait une TVA complémentaire ou rembourserait la TVA trop-perçue via un barème progressif suivant les revenus du citoyen, et qui serait construit de manière à être neutre pour les finances publiques. La TVA progressive permettra de la rendre juste socialement et surtout de transférer la fiscalité du travail vers la consommation… et donc de taxer les importations. C'est d'ailleurs une aberration, que dans une économie ouverte, la production d'une télévision en Chine échappe au financement de notre système de protection sociale alors que la production française y contribue… créant une compétition inégale entre la production française et étrangère.

De même, les écarts de compétitivité devront être compensés par la réinstauration des droits de douane pour contrebalancer les dumpings sociaux, environnementaux et fiscaux dont la France a été trop longtemps victime. Ils serviront à financer notre système de protection sociale, et en particulier, notre système de santé qui est la première victime de ces dumpings ; ils s'appliqueraient aussi à nos partenaires européens puisqu'il peut exister des pratiques de dumping intracommunautaire qui n'ont que trop lésé notre système de protection sociale. Ils viendront assurer l'équilibre des régimes sociaux puis réduire le taux de cotisation patronale. Le « new deal » productif de l'association capital-travail, c'est aussi que le travail soit le moins taxé possible afin que les unités de production puissent être le plus rentables possible et que cette rentabilité soit ensuite redistribuée auprès des salariés et des actionnaires, mais également d'attirer les capitaux étrangers et d'éviter une fuite des capitaux français.

Enfin, les fonds versés pour le DSI et la PVSI doivent permettre de construire pas à pas un étage de retraite par capitalisation. L'évolution démographique, due au vieillissement de nos populations, doit nous faire réaliser que le système imaginé par le Conseil National de la Résistance n'est plus juste et fait peser sur les plus jeunes un fardeau préjudiciable à leur épanouissement. Les dépenses de retraite ne représentaient que 5 % du PIB en 1960 alors qu'elles en représentent dorénavant 14 %. Ce niveau est devenu un frein au développement de l'activité, d'autant plus au cœur de la compétition internationale exacerbée.

Si une retraite de base par répartition doit pouvoir continuer d'exister, on peut imaginer qu'elle soit plafonnée à hauteur de 12,5 % du PIB à l'horizon 2050 par les cotisations sociales. Un étage complémentaire pourra alléger la fiscalité du travail et restaurer la rentabilité du travail dans un contexte où le coût du travail est devenu l'un des critères clés de la décision de l'installation des unités de production des multinationales. Le « New Deal » productif a pour objectif d'attirer de nouveau les capitaux effrayés par une fiscalité trop punitive sur la production. La mondialisation met en compétition la fiscalité sur le travail des différents pays, sans s'y soumettre totalement, nous ne pouvons l'ignorer à défaut de quoi notre développement sera restreint. Il faut trouver l'équilibre entre nécessaire solidarité et nécessaire prise en compte de la réalité économique d'un monde ouvert.

C'est la raison pour laquelle une partie des fonds récupérés par l'association capital-travail peut financer la retraite de nos aînés. Il pourra être proposé à chaque salarié de réinvestir une partie des fonds du DSI et du PVSI dans un « fonds de pension salarié » qui investirait dans des projets et des entreprises dont les dividendes financeraient une composante des retraites et serait géré par les représentants de la Société des Travailleurs. Les fonds perçus annuellement permettraient de verser une retraite complémentaire et de financer la mise en paliers progressifs des cotisations retraite à 12,5 % du PIB. Au-delà, cela aiderait à financer des projets industriels ou d'entrepreneuriat « made in France » sans que la pression à la rentabilité soit un objectif excessivement oppressant comme dans les méthodes prédatrices des fonds de pension américains, tout en veillant à ce que ce fonds se constitue d'abord une réserve afin d'amortir les aléas conjoncturels. À noter que ceux qui n'auraient pas accès à cet étage de retraite par capitalisation (les fonctionnaires et les salariés des micro-entreprises) verraient leur retraite maintenue à hauteur d'une dépense théorique de 15 % du PIB.

Ces évolutions prendront du temps pour atteindre l'objectif d'ajustement des cotisations retraite et de prise en charge par l'étage de la capitalisation, mais cette bascule partielle est nécessaire pour libérer le travail d'une imposition qui le défavorise dans un monde ouvert tout en continuant d'assurer l'esprit de solidarité et de contrôle des excès du capitalisme financier.

État planificateur et relance industrielle

L'État peut retrouver dans ce nouvel ordre économique son rôle d'avant-garde productrice. En France, un certain nombre de grands groupes industriels sont issus d'une volonté étatique d'établir la France comme un pays d'excellence dans des domaines industriels à la pointe du développement économique : Saint-Gobain, Total, Airbus, le secteur énergétique (Framatome) ou se sont développés avec le soutien tacite de l'État (secteur du luxe).

Le premier levier de l'État est le rôle central qu'il peut jouer dans la question écologique. Les entreprises ne peuvent, à elles, seules organiser la transformation de notre économie pour la rendre neutre en carbone et adapter nos espaces aux changements climatiques. La planification écologique nécessite d'être au cœur des politiques publiques pour assurer la transformation de notre appareil productif et de nos espaces de vie. L'un des angles morts de nos politiques publiques est l'organisation productive de l'amélioration énergétique de nos bâtiments. L'État n'organise qu'à la marge cette transformation de nos espaces de vie via des obligations normatives (par exemple l'interdiction de la location des logements avec un DPE G ou F). L'État doit, au contraire, être un acteur à la pointe de cette transformation via la création d'une entreprise publique au capital ouvert au financement privé, proposant aux particuliers, aux entreprises et aux collectivités territoriales les services d'adaptation de ces espaces de vie pour améliorer l'efficacité énergétique des bâtiments, mais aussi pour adapter ces lieux aux effets du réchauffement climatique. L'État pourrait proposer aux particuliers, entreprises et collectivités territoriales des schémas de financement permettant d'assurer un accès pour tous à ces travaux. L'excellence française permettra de devenir leader européen et mondial dans ce domaine clé de la transition écologique. Suivant le niveau des DPE, l'État, via le préfet, pourrait imposer ces travaux dans les îlots de chaleur ou dans les communes où la consommation d'énergie est excessive. Les travaux et services proposés aux collectivités territoriales permettraient aux communes d'avoir un catalogue d'actions possibles à des coûts réalistes.

Une planification de l'utilisation des ressources naturelles et de l'énergie est l'axe central de cette réflexion. Une politique publique visant à assurer un accès illimité et à bas coût à l'énergie est un prérequis absolu pour une relance productive. La France ne peut se passer du développement de la filière nucléaire et de champions français dans la filière des énergies renouvelables, notamment via des mesures de protection de ces filières pour éviter que des entreprises d'autres grandes puissances viennent déloger les entreprises nationales en phase de développement, en particulier pour la production des panneaux solaires ou d'éoliennes. L'État doit garder le rôle central dans l'accès à une énergie à bas coût, produite en France et qui rende le pays totalement autonome de manière à assumer son rôle de puissance industrielle et technologique. Cette planification écologique se construirait par la restauration du Commissariat général au Plan, qui était chargé, entre 1946 et 2006, de définir la planification économique du pays, mais en ciblant cette fois-ci sa mission sur les questions de transformation de l'économie liée au réchauffement climatique et aux ressources naturelles. Le marché et les unités de production ne pourront s'attaquer seuls efficacement à cette question ; l'auto-régulation est une absurdité, surtout quand il s'agit d'externalités, par définition dysfonction du marché. Ce Commissariat général devra cependant être codirigé par l'État et le Sénat, représentant des corps constitués et intermédiaires. Il est nécessaire que la planification écologique du XXIe siècle ne reconstruise pas un État tout-puissant alors même que la centralisation soviétique a démontré l'inefficacité productive d'un tel schéma. Le Sénat pourrait obtenir un droit de veto à la majorité qualifiée des 3/5e afin de pouvoir contester des décisions du Commissariat général au Plan qui porteraient gravement atteinte aux collectivités territoriales ou à la production. Elle ne peut se construire que dans une logique participative de l'ensemble des parties prenantes. Nous avons déjà vu, lors des crises des Bonnets rouges et des Gilets jaunes, à quel point la construction en chambre de dispositifs qui étaient censés accompagner la transition de nos modes de production et de déplacement n'a pas recueilli l'assentiment du peuple. La planification écologique ne peut se construire qu'en prenant en compte le triptyque transition écologique, efficacité productive et justice sociale. Par définition, il est impossible qu'elle soit décroissante ; il faut en revanche viser une réduction des impacts de la production sur l'environnement et construire cette transition en prenant en compte l'acceptabilité sociale de telles mesures.

Le deuxième levier d'action de l'État au sein de la Réforme est la relance industrielle. L'ensemble de l'appareil d'État doit se concentrer afin de reconstruire la France comme une terre productive, redéfinissant le rôle même de l'État au sein de l'économie et, en particulier, au sein de l'industrie, comme un facilitateur ou un accélérateur de la production. Il est nécessaire de limiter l'interventionnisme de l'État au seul cas où celui-ci aide ou assiste les forces productives ou bien corrige les externalités via quatre axes principaux : le rôle de l'école et de l'enseignement, l'innovation, et les circuits de financement et la relocalisation des biens stratégiques.

La relance productive ne pourra se concrétiser sans une école et un enseignement supérieur de qualité. Le rôle régalien de l'État en la matière est central car, sans main-d'œuvre formée, il ne pourra y avoir de relance productive. La réforme de l'école ne peut pas être éludée, face à une Chine qui en fait le cœur de son axe de développement. Face au développement de l'intelligence artificielle, la formation par la logique et le regard critique est cruciale. Cela nécessite une évolution rapide de notre école pour se concentrer sur la transmission des savoirs fondamentaux, mais également des connaissances minimales nécessaires à l'ère de l'intelligence artificielle, qui va transformer radicalement nos manières de produire, de nous informer et de nous divertir. D'un point de vue productif, avoir une masse de travailleurs en capacité d'utiliser mais aussi de relativiser l'intelligence artificielle est absolument cardinal pour assurer une productivité du travail élevée. L'esprit critique et la logique doivent être au cœur de l'action des nouveaux hussards noirs de la République, tant d'un point de vue idéologique pour contrer le retour de l'obscurantisme religieux, que pour assurer aux travailleurs français un avantage compétitif certain dans la compétition mondiale qui s'ouvre. Seule l'excellence académique peut permettre de former une élite intellectuelle suffisamment puissante pour porter cette renaissance productive.

L'innovation est également l'autre pilier important de cette relance. La puissance publique ne peut se passer d'un réinvestissement profond dans la recherche fondamentale et de l'innovation en particulier dans les domaines qui font la force de notre pays : l'agroalimentaire, l'énergie, le domaine militaire, la santé, etc. La France est déjà pionnière en la matière puisqu'en 2024, la recherche publique française a représenté 40 % des brevets déposés à l'Office Européen des Brevets. Cette recherche est aussi une manière de compenser les défaillances du marché, qui n'investit qu'en cas de possibles profits à court ou moyen terme. La politique d'innovation peut s'imaginer de manière à allier les recherches privée et publique. Les entreprises doivent pouvoir être associées autant que possible à la recherche publique de façon à créer les synergies et les passerelles nécessaires en ce domaine.

Concernant le financement des projets innovants, le budget de l'État doit financer à taux zéro des projets qui auraient vocation à devenir des projets d'importance stratégique, ou bien en prenant une participation capitalistique aux projets qui pourront être revendus dès que ceux-ci auront atteint un niveau critique d'avancement. Le soutien de l'État ne peut cependant plus s'envisager sous forme de subvention ou de chèque venant alléger ou prendre en charge, en partie, les dépenses de R&D, car cette logique d'« arrosage » n'assure pas un contrôle suffisamment fin pour éviter d'éventuelles dérives.

Enfin, le dernier axe de l'intervention de l'État régulateur devra être la logique de relocalisation de la production, concentrée sur des biens et services de nature stratégique pour la Nation. Nous avons vu avec le Covid-19 que nous étions trop fragiles face aux logiques économiques de délocalisation des biens orchestrées par les multinationales cherchant les économies d'échelle. Il est nécessaire d'y remédier afin de protéger nos populations et d'affirmer notre souveraineté à l'échelle mondiale par la création d'une entreprise publique dont le capital pourrait être ouvert progressivement, visant à la production de biens et services d'intérêts vitaux pour la Nation (médicaments, vêtements de protection, agroalimentaire de base). Encore une fois, il ne s'agit pas d'une lubie idéologique mais d'une nécessité visant à compenser les inefficacités du marché ; celui-ci étant devenu mondial, la production de certains biens n'est plus du tout localisée dans les pays victimes de la délocalisation. Afin d'assurer que ces biens sont et seront disponibles pour les populations, les États doivent relocaliser la production de certains biens, étant entendu qu'ils ne pourront le faire seuls, puisque cela nécessite de faire le sacrifice de certains avantages de la mondialisation (économie d'échelle ou avantage compétitif), occasionnant des coûts de production plus élevés que les prix de marché actuels.

Un aménagement du territoire qui corrige la métropolisation

Le dernier axe de la restructuration du rôle de l'État dans une société réformée est l'importance cruciale de l'aménagement du territoire, via et d'une part une fluidité des déplacements et, d'autre part, la revitalisation des espaces ruraux et périurbains. Dans les deux cas, c'est une double exigence d'unité de la Nation et d'impératifs productifs. L'unité de la Nation ne peut s'envisager que si l'État assume son rôle pour désenclaver les populations qui sont aujourd'hui éloignées des centres de décisions économiques et qui ont été les oubliées du développement de ces dernières décennies. D'un point de vue productif, il s'agit de permettre que la main-d'œuvre de nos territoires puisse être mobilisable rapidement dans le cadre de la stratégie de relance industrielle et productive. Très rapidement, la question de la main-d'œuvre va devenir un élément potentiellement limitant. La France a encore un excès d'offre de travail du fait d'un chômage structurel élevé, mais il est très variable suivant les territoires : entre communes incluses dans une aire urbaine et ruralité, ou bien encore au sein de l'aire urbaine entre les communes enclavées et les communes incluses dans un réseau de transports publics. Il s'agit pour la puissance publique de faire mieux correspondre l'offre et la demande de travail en aidant les personnes en recherche d'emploi à être plus mobiles, sans pour autant obliger ces personnes à changer de domicile.

Seule une réelle offre publique de transport a la capacité de répondre à cette exigence par la relance du rail en France via un schéma capillaire. Chaque commune de plus de 500 habitants doit pouvoir être reliée en moins de 45 minutes au chef-lieu de département et en moins d'une heure trente au chef-lieu de région, avec une liaison avec Paris et les autres capitales régionales à proximité. Cette offre ne peut se construire que si elle est soustraite aux exigences de rentabilité et nécessite une sortie du cadre communautaire de la mise en concurrence du rail, car le seul objectif d'une telle relance est d'offrir à chaque citoyen la possibilité de se déplacer rapidement et de manière décarbonée. De plus, il serait utile de relier les territoires en tension d'emploi à proximité les uns des autres, par exemple entre le Cantal (chômage à 4,2 %) et l'Hérault (chômage à 10,2 %). Les politiques de mobilité sont au cœur des problématiques d'emploi et seul l'État, accompagné des collectivités territoriales, peut agir pour assurer une meilleure homogénéité des taux d'emploi. Enfin, au sein même des métropoles, on peut imaginer reproduire le projet du Grand Paris Express en désenclavant autant que possible les territoires qui ne sont pas inclus pour l'instant dans le réseau de transport urbain, en accélérant les projets de service express régional métropolitain ou en assurant le développement des réseaux de métro (notamment à Marseille) et de tram le plus rapidement possible. Chaque Français doit pouvoir avoir une offre de transport de proximité adéquate et décarbonée d'ici 2050 ; cela demande des investissements colossaux que seul l'État peut financer, mais également des innovations permettant d'assurer cette ambition tout en maitrisant les coûts. Ne pourrait-on pas imaginer des navettes de 20-30 personnes, possiblement en conduite automatique et assistées par l'intelligence artificielle, assurant la desserte entre les petites communes et le chef-lieu de département ?

Le deuxième devoir de l'État concernant l'aménagement du territoire concerne la nécessité de redynamiser la ruralité, non seulement pour contrebalancer les effets de la mondialisation qui ont concentré les centres de production dans les métropoles mais également pour créer un écosystème productif qui sera vecteur de croissance et de productivité pour l'ensemble de l'économie nationale. L'État peut, ici, jouer un rôle de réparateur des effets que les multinationales ont eus sur les territoires ; l'association capital-travail ne pourra à elle seule corriger tous les effets néfastes de la mondialisation sur nos sociétés. L'État est l'acteur de dernier ressort qui a le pouvoir de corriger l'excessive métropolisation de nos sociétés. Au-delà, cela confortera la France comme premier marché intérieur d'Europe en forgeant une société où les déserts territoriaux sont revivifiés, créant des emplois et une consommation forte des citoyens. Ce marché intérieur est le premier rempart contre un exode massif des capitaux hors de la

France si celles-ci avaient l'idée de contourner la participation.

La revitalisation des espaces ruraux passe par une repopulation de l'ensemble de ces espaces. À ce titre, l'idée d'Arnaud Montebourg, en 2021, de demander à l'État de racheter des logements vacants "de très faible valeur, qui sont à rénover, dont personne ne sait s'occuper », grâce à la Caisse des dépôts et consignations, et de les attribuer gratuitement à des candidats « à ce retour à la terre », « ceux qui veulent aller dans des bourgs ruraux, des petites villes, des sous-préfectures et qui ont décidé de changer de vie ». Plusieurs conditions étaient néanmoins fixées par le candidat à la présidence de la République : ne pas être propriétaire, rénover ce logement à ses frais, et enfin, l'habiter durablement. Cette idée mériterait d'être reprise à la condition que la France devienne à la pointe du télétravail. Le Code du travail devrait prévoir une disposition spécifique permettant à chaque salarié de devenir « télétravaillant » durable pour l'ensemble des postes éligibles. Cette éligibilité serait validée par les CSE et permettrait à tout citoyen français d'établir son lieu de travail habituel dans un autre département que celui de l'établissement dans lequel il travaille. Selon l'Insee, près de 40 % des emplois seraient télétravaillables, en particulier dans le tertiaire. Pour assurer l'attractivité de l'idée d'Arnaud Montebourg, il faudrait aussi assurer le retour des services publics de proximité dans les communes rurales, avec l'obligation pour chaque commune de plus de 500 habitants d'avoir une école, une maison de santé, etc.

*****

Le rôle de l'État à l'ère de l'association capital-travail devra être restructuré autour de ces fonctions régaliennes étendues aux domaines économiques par une présence régulatrice très forte, une action visant à corriger les inefficacités du marché (externalités, impact sur l'aménagement du territoire) et à assurer un soutien à la relance industrielle et productive du pays via l'école, le financement et le soutien de projets industriels précis. L'interventionnisme tous azimuts de l'État doit être encadré afin de ne pas troubler les mécanismes de marché lorsqu'ils fonctionnent correctement et, surtout, afin de ne pas troubler les mécanismes de l'association capital-travail et le rôle des salariés dans la détermination de leur propre destin.

CHAPITRE 3 : UN NOUVEAU MODÈLE DE PARTAGE DE LA VALEUR ET DE FINANCEMENT DE L'ÉCONOMIE

La productivité du travail et la rentabilité des unités de production comme clef de voûte de la participation : le « new deal » productif

L'association capital-travail requiert une condition sine qua non : un nouveau pacte productif entre capital et travail. Cela provient de la nature même du nouvel ordre économique : le cadre capitaliste. Il est nécessaire d'intégrer les conséquences d'une réforme du système économique sur les grands équilibres macro-économiques, et d'en tirer des conséquences pour limiter les effets secondaires négatifs possibles et d'en maximiser les impacts positifs.

Ce cadre en économie ouverte contraint fortement toute réforme par les effets de déviation opportuniste qu'il induit : les multinationales implantent leurs unités de production dans les pays qui maximisent leur rentabilité. Le risque principal de la Réforme est de les voir fuir la France ou les pays qui l'appliqueront. Il est nécessaire de proposer un pacte productif qui les rassure. Il s'agit là non d'une soumission au capital mais d'une prise en compte rationnelle du pouvoir relatif de chaque facteur de production. La participation ne signifie pas une disparition du capital ; il faut donc appréhender les risques qui rendraient ce nouvel ordre mondial instable et y répondre.

La première réponse est une hausse de la productivité du travail induite par les mécanismes de PVSI et de DSI, permettant de considérer comme hypothèse raisonnable que les salariés intéressés aux résultats de l'entreprise auront une productivité plus élevée. Il n'existe que très peu d'études empiriques venant valider cette hypothèse sur la base des schémas existants de la participation ou de l'intéressement. On peut cependant citer une étude réalisée en 1992 par Pierre Cahuc et Brigitte Dormont pour l'Insee, qui fait référence et précise que l'introduction d'un mécanisme de partage de la valeur aboutirait, à chaque ½ point de salaire complémentaire induit par la participation/l'intéressement, à une augmentation de la productivité du travail de l'ordre de 2 %. Un calcul très approximatif permettrait de considérer que, si l'on rétribue un tiers des 200 milliards d'euros de dividendes versés chaque année en France, soit 65 milliards d'euros aux salariés, cela indiquerait que les salaires augmenteraient de l'ordre de 6 % et donc, en appliquant le modèle Cahuc et Dormont, aboutirait à une augmentation de la productivité du travail de 20 %... et cela sans prendre en compte le PVSI dont il est compliqué d'avoir une idée précise du montant global. Il est évident que ce calcul grossier devra être confirmé par des données empiriques, mais une grande partie du pacte productif avec le capital devra reposer sur cette hypothèse forte et être l'une des priorités de l'application concrète de l'association capital-travail. En cela, il sera opportun de s'aider des travaux préparatoires visant à optimiser cette augmentation lors de l'introduction de la Réforme. Il est essentiel que l'ensemble des forces de travail comprenne l'impératif de garantir son amélioration de 20 à 25 % afin de garantir l'autofinancement partie, pour le capital, de l'association capital-travail. La perte de 65 milliards d'euros de dividendes serait compensée partiellement par une rentabilité renforcée des unités de production. On peut grossièrement considérer qu'une hausse de la productivité horaire de 20 % (avec stabilité de la répartition de la valeur) pourrait rapporter 20 milliards d'euros aux actionnaires en dividendes, compensant un tiers de la perte de dividendes occasionnée par le DSI.

Pour l'instant, ce sont les SCOP (sociétés coopératives et participatives) qui sont les plus proches du modèle de la participation puisque ce sont les salariés qui contrôlent ces structures et qui perçoivent directement les bénéfices. Il n'existe pas d'étude précise sur la productivité dans ce type d'organisation. Cependant, elles ont un taux de pérennité à 5 ans de 79 %, contre 61 % pour les entreprises « classiques », indiquant que ce sont des modèles robustes, même si leur taille très modeste ne permet pas d'extrapoler ces conclusions à l'ensemble de l'économie nationale. Cela laisse espérer, tout de même, que les entreprises où les salariés sont directement associés à la gestion et au résultat peuvent être plus résilientes que les entreprises actuelles.

Au-delà, le nouveau pacte productif devra se centrer sur l'importance de la rentabilité des unités de production afin d'éviter un choc d'offre récessif et d'en limiter la baisse. Cela passe par un transfert de charges sociales vers la taxation de la consommation, comme indiqué précédemment, et un maintien de la mondialisation (sauf pour les biens relocalisés) de la production pour continuer à bénéficier de la logique des économies d'échelle et de la spécialisation des économies. Cette rentabilité ne doit pas trahir les principes premiers de la Réforme, à savoir la protection de l'humain.

La clef de voûte de la pérennité du nouveau système économique est bel et bien dans cet équilibre à trouver entre garantie de la défense des travailleurs et préservation de la rentabilité, et donc des intérêts du capital. Cela doit naturellement pousser les agents économiques productifs à rechercher l'innovation et donc à investir. L'investissement dans des systèmes de production plus efficaces et plus protecteurs de l'humain a vocation à se placer au cœur de cette logique pour assurer ce double objectif de protection des travailleurs et de rentabilité par une augmentation substantielle de la productivité. L'usage de l'intelligence artificielle peut largement y contribuer, évidemment, à condition qu'il soit encadré par un cadre éthique très précis et qu'il soit accompagné par un plan de formation approfondi pour les salariés afin de maximiser les effets bénéfiques de cette technologie. Pour les salariés qui réalisent des travaux physiques, l'innovation dans les outils protecteurs ou aidant le corps à supporter les charges lourdes ou les mouvements répétitifs devra être développée et généralisée (comme les exosquelettes). La recherche en management aidera dans cette quête de la productivité afin de résoudre cette quadrature du cercle.

Cela implique que l'État simplifie la bureaucratie et le mille-feuille des normes parfois contradictoires et inutiles, sans pour autant sacrifier la protection de l'environnement et l'impératif de la transition écologique. Encore une fois, le carcan communautaire pèse inutilement sur la productivité des unités de production. Un changement de cap à 180° est à prévoir, ne gardant que les normes communautaires qui sont protectrices des citoyens français et en éliminant celles qui seraient un frein excessif à l'efficacité de la production française.

Il est crucial que la participation réussisse là où le communisme a échoué, c'est-à-dire à convaincre sur sa capacité à être un schéma d'allocation des ressources productives efficient, créateur de valeur et incubateur d'innovations. Si le communisme centralisateur et planifié en URSS a longtemps réussi à perdurer, c'est grâce à la guerre froide maintenant une économie de guerre et une concurrence entre blocs assurant au système étatique de justifier un système très autoritaire. Celui-ci a ensuite réussi à stabiliser une production industrielle jusqu'à ce qu'il atteigne ses propres limites. L'une des forces de la participation est le maintien de la décentralisation de la production par la préservation des entreprises détenues par le privé et via la minimisation des interventions centralisatrices, sauf sur la question écologique. Cet avantage de la détention privée (sous contrôle des travailleurs) des unités de production doit absolument être pérennisé et protégé… et par conséquent, nous devons veiller à ce qu'elle soit la plus efficiente possible pour en assurer son maintien, et par ricochet pour que la volonté d'entreprendre soit la plus préservée et récompensée possible.

Enfin, le nouveau pacte productif ne saurait s'imaginer sans un réveil des consciences patronales : que cela ne se construise pas contre eux, mais avec eux. Le patronat peut être moteur de la redéfinition de l'ordre productif en étant force de proposition et non d'obstruction, et modeler, enrichir l'efficacité et la rentabilité du processus de production, tout en préservant l'humain. L'association capital-travail est le moment idéal de cristallisation pour le patronat d'optimiser le processus de production sans compression de la variable humaine. Jusqu'ici, trop souvent, le « cost killing » et les restructurations ont été conduits par une volonté de se concentrer sur la baisse des coûts humains. Cette logique peut changer et la participation permettra au patronat de trouver d'autres leviers de maximisation de la rentabilité des unités de production. Ce sursaut est nécessaire tant d'un point de vue moral que d'un point de vue productif. L'association capital-travail, en réduisant fortement la conflictualité entre les deux facteurs de production aide, à éliminer les coûts de cette conflictualité (grèves, baisse de motivation, arrêts maladie, etc). Le patronat doit en prendre conscience : la Réforme est aussi à son avantage.

Un reset du partage de la valeur

Le changement de la gouvernance des entreprises aura un impact sur le partage de la valeur. Nous avons vu que ce partage s'était dangereusement déséquilibré au cours des 40 dernières années. La participation a vocation à rééquilibrer ce partage. Le DSI que nous avons calculé grossièrement à 60 milliards d'euros correspond à environ 3 % du PIB ; ce mécanisme se substitue aux mécanismes de la participation, qui représentent environ 20 milliards d'euros soit un gain net de 40 milliards d'euros, et environ 1,5 point du PIB, compensant une grande partie de la perte de ces dernières décennies.

Cependant, afin d'éviter une possible compression des coûts salariaux des entreprises venant compenser ce rééquilibrage, il sera utile d'installer un garde-fou. Il serait ainsi possible pour les syndicats majoritaires de faire jouer une « clause de valeur ajoutée » afin d'assurer que le niveau des salaires dans la valeur ajoutée corresponde au moins à la moyenne des 3 années précédant la mise en place de la participation. À défaut, l'employeur devra verser un complément de salaire pour réaligner le niveau des salaires dans la valeur ajoutée. Cette « clause de valeur ajoutée » devra être visée par l'inspection du travail après discussion avec l'employeur qui peut légitimement argumenter un décrochage temporaire afin de financer une restructuration ou une réorganisation structurelle. Ce garde-fou a plusieurs intérêts connexes : d'une part cela permet d'éviter de « dividendiser » notre économie en transformant le salaire en dividende. Il est fondamental de bien distinguer les revenus du salariat, qui continueront à être la partie substantielle des revenus des salariés, du dividende, qui restera un revenu venant rémunérer une performance collective de création de valeur ajoutée et donc de richesse. La disparition du salaire serait très dangereuse, car elle reviendrait à variabiliser à outrance les revenus des individus, créant un aléa dans l'existence des salariés qui seraient à la merci de la rentabilité, par nature variable, de leurs unités de production. Cela créerait une dangereuse confusion entre le salariat et le pourvoyeur de capital, faisant porter le risque de l'activité sur le salarié alors même que c'est la raison pour laquelle les actionnaires sont majoritaires dans la gouvernance et dans le partage des dividendes. Cela reviendrait à nier le lien de subordination qui continuera d'exister dans la relation de travail. De plus, le risque de la « dividendisation » de notre économie est de créer une fuite importante dans le financement de notre protection sociale puisque les dividendes échappent, au moins en partie, à son financement ; et il existerait ainsi un risque de créer un déséquilibre, fictivement construit, des comptes sociaux si les partenaires sociaux venaient à basculer le salaire vers les dividendes. Pour l'ensemble de ces raisons, il est central de suivre le poids des salaires dans la valeur ajoutée pour s'assurer que la participation ne crée pas d'effet pervers ayant des effets néfastes pour les travailleurs et les comptes publics.

La seule raison pour laquelle le partage de la valeur pourrait être durablement modifié est l'hypothèse dans laquelle des changements technologiques (en particulier l'émergence de l'intelligence artificielle) impacteraient son évolution. L'intensité capitalistique mesure les actifs nécessaires pour générer un revenu. Elle se calcule en rapportant les immobilisations corporelles brutes à l'effectif salarié en équivalent temps plein (ETP). Si elle venait à augmenter à cause d'une augmentation des investissements immobilisés ou d'une production moins intense en travail, cela serait un motif légitime de baisse de la rémunération des salariés dans la valeur ajoutée puisqu'il faudrait financer cette augmentation des investissements par la valeur ajoutée créée, permettre un autofinancement de cette augmentation puis garantir la rémunération de ces investissements en laissant perler jusqu'à l'actionnaire les bénéfices de ces investissements. Dans cette hypothèse, on veillera à ce que l'augmentation de la productivité ne soit pas la cause de cette augmentation de l'intensité capitalistique ; en effet, des travailleurs plus productifs peuvent amener l'entreprise à réduire les effectifs puisqu'ils produisent plus en moins de temps. Dans ce cas, une baisse des effectifs induira une augmentation de l'intensité capitalistique, mais sans que cela ne modifie l'intensité du travail dans la production ; la part de la rémunération du travail dans la valeur ajoutée doit alors demeurer inchangée. Ce sera du devoir de l'inspection du travail de veiller à ce que toute demande patronale de rejet de la clause de valeur ajoutée soit bien motivée par sa hausse intrinsèque.

Dans cette situation, la rémunération individuelle des travailleurs devra évoluer en corrélation avec l'évolution de la valeur ajoutée, mais cela signifiera qu'il y aura besoin d'avoir moins de salariés pour produire plus… mécaniquement, la marge opérationnelle des entreprises s'en verra améliorée et le résultat net encore plus si l'entreprise a utilisé l'effet de levier. Cette rentabilité accrue ruissellera vers les actionnaires mais également vers les salariés via le DSI et le PVSI, étant devenus des actionnaires *de facto*. La participation est une solution de meilleur partage de la valeur, y compris en cas de hausse de l'intensité capitalistique. À l'aube de la révolution de l'intelligence artificielle, dont il est encore trop tôt pour évaluer précisément les impacts qu'elle aura sur l'économie nationale, la Réforme est une réponse au possible danger du déséquilibre induit par cette nouvelle technologie sur le partage de la valeur. Si la destruction créatrice de Schumpeter peut faire penser que cela aura un effet neutre voire positif sur l'emploi dans l'ensemble de l'économie, la question du partage de la valeur reste entière et peut engendrer la création d'une inégalité de plus en plus importante entre ceux qui possèderont et ceux qui ne possèderont pas. Au mieux, cela renforcera le rôle de l'État via la taxation des richesses en rendant l'État de plus en plus présent dans l'économie ; au pire, cela accentuera la spirale d'accentuation des inégalités, mais en tout état de cause, cela rendra les salariés de plus en plus absents des mécanismes économiques de rémunération. Face à ce danger, la participation offre une solution simple et juste.

La participation via la ST est également une solution pour résoudre une répartition de la valeur ajoutée inégalitaire actuelle. La participation et l'intéressement construisent un partage de la valeur inégalitaire entre les salariés d'entreprises florissantes et les autres, entre les multinationales et les travailleurs de petites structures de la chaîne de valeur de ces multinationales ; la ST permet d'égaliser ces inégalités. D'autant plus important que les inégalités sectorielles risquent de s'accentuer avec le développement de l'intelligence artificielle qui sera probablement un catalyseur de création de valeur ajoutée. Les secteurs qui auront une forte intensité en intelligence artificielle auront une plus forte probabilité de croissance de la valeur ajoutée que les secteurs de services à la personne, par exemple. Il est vital de veiller à ce que les salariés qui travaillent dans des secteurs à faible salaire mais à forte utilité sociale ne soient pas lésés par les évolutions technologiques de nos sociétés. C'est d'ailleurs un sujet très largement sous-représenté dans les discours politiques ou la recherche économique : la divergence des valeurs ajoutées entre secteurs et les inégalités de rémunérations qu'elle génère. Est-il normal que les aides de vie intervenant auprès des personnes âgées soient aussi peu rémunérées en lien avec une basse valeur ajoutée du secteur ? La péréquation des dividendes et des plus-values entre travailleurs des sociétés concernées par l'association capital-travail permet d'établir une solidarité entre actifs de différents secteurs, sans passer par un intermédiaire étatique.

La redistribution entre salariés et entre différents secteurs se construirait en autonomie d'un État sous pression des puissances d'argent. La gestion démocratique au sein de la Société des Travailleurs peut permettre de revaloriser les métiers à forte utilité sociale mais qui ne bénéficient pas de hauts salaires et réaligner partiellement ainsi le salaire avec l'utilité sociale des métiers… modulant la logique des marchés sur le salaire régi par l'offre et la demande. Le marché oriente les ressources vers la production la plus rentable possible en ne prenant en compte qu'à la marge la question de l'utilité sociale, qui est donc négligée ; la participation peut corriger cette inefficacité et la compenser plus fortement via un bonus de facteur 0 à 0,5 dans le coefficient d'allocation du PVSI et du DSI. La question étant de déterminer les métiers à forte utilité sociale, cela sera aux gestionnaires de la ST et donc aux représentants des salariés d'en décider. L'objectif est de ne pas éteindre des vocations qui auraient souhaité faire des métiers peu rémunérateurs et qui ont dû faire une autre profession, la mort dans l'âme à cause de considérations financières. On peut penser plus particulièrement aux métiers du soin mais de manière générale ; au service à la personne ou à l'ensemble des métiers de l'économie sociale et solidaire.

L'association capital-travail est l'occasion d'assurer un plus juste équilibre du partage des richesses entre les deux facteurs de production, mais aussi à l'intérieur même du travail, pour corriger les logiques défaillantes du marché sur l'allocation des ressources humaines.

La participation au sein de la politique monétaire et nouveau circuit de financement de l'économie

La monnaie exerce une influence massive sur le destin d'une économie et sur sa stratégie productive ; c'est la raison pour laquelle la Réforme doit trouver sa traduction dans la politique monétaire par la présence des travailleurs au sein de la banque centrale et influencer les décisions orientant le financement de l'économie.

Cette présence nécessite, par nature, la ré-autonomisation des banques centrales nationales au sein de la zone Euro. Cela ne signifie pas la sortie de la zone Euro mais une inversion de la dynamique monétaire actuelle, puisque la décentralisation de la politique monétaire doit prendre le pas sur la centralisation. Il n'est plus concevable de déterminer une politique commune entre la France, qui a 0,8 % d'inflation, et l'Estonie qui en a 6,2 % (données Eurostat d'août 2025). La politique monétaire unique dans une constellation de plus de 20 pays est une ineptie économique, surtout sans harmonisation fiscale et industrielle. Il est donc urgent de repenser toute l'architecture de l'Euro. Le maintien d'une monnaie commune paraît nécessaire afin d'éviter un choc de défiance des marchés. Le retour aux monnaies nationales rendrait les échanges intracommunautaires trop complexes et serait fortement contre-productif alors que la plupart de nos échanges commerciaux se réalisent avec nos partenaires de la zone Euro. En revanche, il est souhaitable de construire un système décentralisé de gestion de cette monnaie commune afin de ne pas pénaliser nos économies avec les défauts de nos voisins. Cela nécessite que la Banque Centrale Européenne (BCE) détermine une fourchette de taux d'intérêt au sein de laquelle les banques centrales nationales pourraient librement déterminer leur propre taux d'intérêt national. La zone Euro se transformerait en « Euro-système » où chaque banque centrale nationale aurait vocation à répondre au mieux à l'objectif de stabilité des prix et de soutien à l'activité de son économie nationale, dans le cadre d'objectifs définis en commun au niveau central.

Cette transformation nécessite un contrôle des flux de capitaux pour éviter un nouvel effet d'aubaine ou un effet de dumping où les capitaux iraient se balader au gré de la conjoncture, provoquant de graves déséquilibres structurels dans les économies nationales.

Mais pourquoi les représentants des salariés devraient-ils siéger au sein des banques centrales ? La réponse à cette question est pourtant assez simple : les salariés, tout autant que les chefs d'entreprises, subissent une politique monétaire à laquelle ils n'ont pas leur mot à dire. Les impacts de la politique monétaire dans les équilibres de l'économie nationale sont pourtant massifs sur la structure productive. L'industrie française a, par exemple payé un très (trop) lourd tribut dans les années 1980/1990 par la doctrine du « Franc fort » dictée par Jean-Claude Trichet (ancien gouverneur de la Banque de France). C'est justement ce traumatisme de décisions dogmatiques, mais dévastatrices qu'il s'agit d'éviter en reconnectant les décisions monétaires avec la réalité des acteurs économiques de terrain. Les sénateurs élus par le collège des représentants syndicaux et patronaux doivent pouvoir nommer un comité de surveillance afin de rendre un avis conforme aux orientations de la banque de France. La participation des salariés aux décisions qui les concernent doit s'ancrer définitivement, dans le processus de décisions monétaires.

Au-delà, il est nécessaire de réfléchir aux impacts que peut ou va avoir l'association capital-travail sur l'économie, et en particulier, sur les circuits de financement de l'économie nationale. Elle va bousculer les structures économiques mises en place depuis l'avènement de la financiarisation de notre économie. Dans les années 1980, le financement de l'économie passe progressivement d'un modèle monétaire (via une politique accommodante puisque les taux d'intérêt réels étaient très largement négatifs, mais créateurs de fortes poussées inflationnistes) à un modèle de financement via les marchés de capitaux (obligations et actions). Cependant, avec l'enchaînement des crises financières, les banques centrales ont de nouveau rouvert les vannes de la création monétaire pour racheter des dettes souveraines ou des obligations d'entreprise et éviter une crise de liquidité. Les banques centrales sont donc devenues des « usines de cocaïne » (à savoir de liquidités) pour un marché toujours plus avide, créant une inflation excessive des actifs financiers sans que cela ne se translate dans l'économie réelle. Cette inflation est invisible et indolore, mais a dangereusement participé à creuser les inégalités.

L'association capital-travail risque d'avoir comme principale conséquence, en tout cas dans un premier temps, une baisse de la rentabilité du capital pour les investisseurs sur le marché français et donc de tarir les flux de financement de l'économie. La baisse de rentabilité est directe, puisqu'elle ne sera plus totalement réservée à rétribuer l'actionnaire, mais aussi indirecte puisque l'influence grandissante des salariés dans la gouvernance des entreprises va probablement freiner les excès d'une surexploitation du travail. Ce processus pourra être contrebalancé par une hausse progressive de la productivité du travail et l'apport de l'innovation, mais probablement dans un temps plus long. À court terme, cette baisse de la rentabilité du capital risque de tarir la venue des capitaux mondiaux pour financer la structure productive française.

Face à cette conséquence, il faut prévoir un plan de combat et un plan alternatif de financement de l'économie afin de soutenir la pérennité de la Réforme. La première, et probablement la plus forte des mesures, est le retour à un financement de l'économie directement, par la banque centrale. En dernier recours, chaque entreprise pourrait solliciter sans passer par l'intermédiaire des banques commerciales, un emprunt auprès de la banque centrale, qui deviendrait ainsi *la banque de financement de dernier recours*. Cependant, ce financement de l'économie par la banque centrale doit se faire sous condition de ne pas aller lever des fonds ou des actions le temps du prêt, et être encadré globalement par la doctrine de contrôle de l'inflation. Afin de minimiser ce risque, il est nécessaire que la banque centrale se déleste du maximum d'instruments financiers et réduise ainsi la taille de son bilan et de la masse monétaire en circulation. En résumé, la banque centrale doit « *définanciariser* » son bilan pour pouvoir soutenir l'activité économique, qui serait en proie à un risque de perte d'attractivité du marché français pour les capitaux internationaux. Cette solution répondrait efficacement à un risque d'assèchement des flux de financement de l'économie française, permettrait de réduire les risques d'inflation mais aussi de rendre « coup pour coup » à ceux, parmi les détenteurs de capitaux, qui penseraient qu'ils sont tout-puissants. Les marchés financiers ayant été sur-subventionnés par les politiques accommodantes de ces dernières années, cela les a rendus très captifs de la politique monétaire. Une vente massive des titres financiers détenus par la banque centrale peut provoquer un choc d'offre et faire plonger les prix des actifs financiers.

L'autre moyen de financement des entreprises qui devra être activé, afin de diversifier les sources de financement de l'économie nationale, est l'autofinancement, défini comme la capacité qu'ont les entreprises à financer leurs propres investissements (formation brute de capital fixe dans le langage statistique) par leur propre rentabilité.

L'autofinancement, qui était la règle au cours des Trente Glorieuses, doit redevenir un mode de financement de l'économie afin de pallier, au moins temporairement, la baisse de l'attractivité des marchés vis-à-vis de l'investissement productif français. Cet autofinancement ne pourra en revanche pas être créateur d'une improductivité des capitaux mis en réserve. Pour répondre tant à l'impératif d'autofinancement, qu'à celui des investissements colossaux que vont devoir faire les entreprises dans les prochaines années, il serait mis en place une obligation d'autofinancement de 10 ou 20 % des bénéfices distribuables, dans la limite de 10 à 20 % du capital de l'entreprise. L'argent ainsi récolté serait placé au sein d'un marché de gré à gré où les entreprises en demande de financement pourraient trouver leur financement au taux d'intérêt directeur de la banque centrale. L'allocation des ressources se réaliserait algorithmiquement après remplissage d'une demande standard de financement et serait gérée par une Agence Paritaire de l'Autofinancement. Cette créance d'autofinancement serait immédiatement liquide en cas de besoin de la société, avec garantie de la banque centrale en cas de défaut ou de risque de liquidité, et serait donc considérée comme un équivalent de trésorerie dans les bilans des entreprises, sans possibilité d'escompte pour éviter de financiariser cet autofinancement.

L'autofinancement mutualisé est une réponse très forte à la financiarisation de l'économie et surtout à son effet secondaire : la pression à la rentabilité des unités de production. Libérée de cette pression, la Réforme pourra se mettre en place sereinement et sans craindre un tarissement des flux de financement de l'économie. Il est également possible d'élargir ce marché de gré à gré à l'ensemble des structures à travers le monde qui auront adhéré à l'association capital-travail, en créant des sous-marchés ayant des caractéristiques communes (inflation, parité de pouvoir d'achat, etc.). La participation étant un modèle ayant vocation à se mondialiser, il faudra considérer les options et possibilités permettant la mondialisation des modalités d'application de la participation.

L'autre volet important dans le schéma de financement est de libérer des sources de financement en restaurant l'équilibre des comptes publics. Une grosse partie de l'épargne des ménages et des placements des sociétés se réalise sur les dettes souveraines, en particulier française, car elles sont appréciées comme des placements sans risque, puisque le défaut de paiement d'un État (surtout de l'une des plus grandes puissances économiques mondiales) est très peu probable, voire quasi impossible. La France étant considérée comme l'un des pays « étalon » (c'est-à-dire qu'elle est l'un des pays les plus sûrs), elle a bénéficié de taux d'intérêt très faibles depuis des décennies. Il était donc rationnel de penser, pour les décideurs et les citoyens français que l'endettement du pays était une bonne chose pour financer son développement. Cependant, cela a rendu les marchés « *accros* » à la dette souveraine française, puisqu'elle est devenue la première émettrice européenne d'obligations souveraines. Si la question de la soutenabilité n'est pour l'instant pas un sujet, cela pose celui de l'orientation des fonds disponibles.

L'épargne des Français et les placements des entreprises sont aujourd'hui orientés vers le financement de la dette souveraine française au lieu de financer des projets productifs. Cet effet d'éviction est depuis longtemps l'une des sources de la faible compétitivité de notre pays. Alors que l'association capital-travail va demander des ressources importantes afin de pouvoir absorber la baisse potentielle de l'attractivité de l'économie française pour les marchés de capitaux, nous ne pourrons plus avoir le luxe de jouir de cet effet d'éviction… car l'enjeu sera alors beaucoup plus fort que par le passé. C'est la raison pour laquelle la restauration des comptes publics devra être l'une des priorités lors de l'instauration de la participation. L'épargne des ménages et des entreprises pourra ainsi plus facilement financer la production et rendre le pays plus solide face au tarissement des sources de financement de l'économie. La question de la manière de rétablir les comptes publics n'est pas l'objet de cet ouvrage ; en revanche, il est possible d'imaginer que cette réduction des déficits publics se réalise via une imposition plus juste (notamment par un renforcement de l'imposition des grandes successions) mais également de questionner les dépenses publiques pour vérifier qu'elles correspondent bien à la défense de l'intérêt général et aux intérêts vitaux de la Nation.

Plus globalement, c'est l'ensemble des flux de financement qu'il sera important de réorienter pour soutenir le secteur productif, à savoir l'ensemble des produits d'épargne. La question du financement du logement social, par exemple via le livret A, doit pouvoir être posée car, si la construction de logements sociaux est évidemment un impératif de la solidarité nationale, il est sain de pouvoir débattre de l'intérêt que le logement social absorbe autant l'utilisation de l'épargne des Français. La mise en place de la participation pourra être le moment de l'ouverture du débat démocratique sur l'orientation de l'épargne publique et des choix collectifs que nous faisons en la matière.

CONCLUSION : LE COMPROMIS HISTORIQUE

Le lecteur-citoyen aura compris que l'ambition de l'association capital-travail est la construction d'une alternative qui réponde au vide doctrinal existant depuis la fin du communisme soviétique et face à un capitalisme financiarisé qui montre chaque jour ses faiblesses. On parlait lors des Trente Glorieuses de « troisième voie », mais en réalité, la Réforme est aujourd'hui le seul horizon face au chaos qui s'autodétruit sous nos yeux ébahis. Le retour du protectionnisme, la montée des populismes, la pauvreté, et l'incapacité de maintenir des marchés intérieurs suffisamment puissants pour soutenir les débouchés, la dépendance des marchés face à la planche à billets sont autant de symptômes indiquant que la mondialisation libérale sous perfusion est à l'aube d'une crise sans précédent.

Face à cette crise, les humanistes et républicains de tout bord doivent s'unir pour construire, réfléchir et débattre de la réponse à apporter. Ce que la Résistance avait réussi à sédimenter en temps de guerre, l'urgence de la situation économique et sociale doit le ressusciter. C'est le fameux *compromis historique* dont rêvait Enrico Berlinguer dans l'Italie des années 1970, à savoir l'alliance des communistes et des démocrates-chrétiens (en tout cas de leur frange la plus ouverte à un capitalisme rationalisé). Cette transcendance des clivages partisans est, en réalité, une nécessité politique. Une majorité à 41 ou 51 % ne permettrait pas d'imposer aux forces conservatrices du capital une alternative aussi profonde. L'association capital-travail n'est pas un ravalement de façade, mais une refonte totale des fondamentaux systémiques de notre économie, de notre organisation sociale et démocratique et de nos schémas de financement. Seul un raz-de-marée populaire et politique, qui brise l'ensemble des clivages actuels, a la capacité de donner la puissance politique et psychologique à un tel bouleversement. Ce nouveau pacte signifie que l'ensemble des forces politiques et de la société civile (en particulier les forces syndicales) qui se définissent comme républicaines et sociales se retrouvent pour s'unir et appliquer ensemble ce projet d'association capital-travail. Il existera toujours des différences entre ceux qui souhaiteront abattre définitivement le capitalisme et ceux qui considéreront que la propriété est un droit sacré, mais la foi en l'Homme est une force suffisante pour dépasser les clivages le temps de surmonter cette période historique qui s'ouvre devant nous.

Cette force du rassemblement fait appel à ce qui a construit la République : une foi inébranlable dans la capacité de l'Homme à bousculer l'Histoire pour arracher des progrès nouveaux. Au moment où le tragique de l'Histoire revient avec la recrudescence des affrontements armés à nos portes (Ukraine, Moyen-Orient), que le pays fait face à des fractures de plus en plus profondes qui menacent désormais notre paix civile, il est décisif que les forces de progrès s'entendent à nouveau pour trouver une réponse aux haines, à la division, au repli identitaire et à la perte de confiance dans l'autre. Si la participation n'est pas suffisante en elle-même, elle est l'un des piliers clefs pour donner à la société un nouveau contrat social qui recollera une société archipélisée et divisée. Alors que la défiance monte, la seule solution possible est celle de l'association accrue de chaque conscience aux décisions qui la concernent. Cette maxime de la participation peut être le remède magique face à une démocratie malade.

Le compromis historique demande de l'audace et du courage : celui de faire des choses qui étaient taboues hier, celui de délaisser (au moins pour un temps) les vieux clivages, celui d'ouvrir la porte et les fenêtres à des citoyens très différents de nous, celui d'ébaucher un avenir incertain mais où nous redevenons souverains, celui d'accepter le débat et les contradictions sans chercher la pureté idéologique, celui, surtout de construire des ponts entre les archipels de nos sociétés pour construire ce compromis où chacun met de côté une partie de ses convictions pour construire un projet commun : le pouvoir du peuple, par le peuple et pour le peuple… dorénavant décliné dans les unités de production et qui réalise enfin totalement les idéaux de la Révolution. Si l'avènement de l'association capital-travail connaîtra à n'en pas douter des rebondissements imprévus, la confiance dans la puissance de cette réalisation est totale, car elle est la dernière pièce du projet révolutionnaire d'émancipation de l'Homme et que sa réalisation devient désormais nécessaire pour restaurer la paix civile. En d'autres termes, cette alliance républicaine est une méthode (peut-être la seule ?) pour inverser la dynamique de dissolution de notre société et éviter un embrasement de celle-ci. La question identitaire qui agite tant nos sociétés ne pourra se résoudre pacifiquement que s'il existe au préalable une méthode de débat et de compromis qui permettra de donner une réponse aux questions d'immigration ou de place de l'islam dans la société française. Les archipels communautaires sont désormais tellement éloignés les uns des autres que seul un sujet commun et fédérateur peut nous donner les moyens de construire des ponts qu'il sera utile d'emprunter pour d'autres sujets. Pour forcer la fin de l'absolutisme du capital, seule l'union du peuple dans une très large majorité, et au-delà de ses fractures actuelles, est nécessaire. Cette nécessaire majorité de 60, 70, 80 % sera ensuite le creuset d'un nouvel ordre politique révolutionnaire au sein duquel il deviendra possible de débattre de tous les autres sujets sociaux. Sa cristallisation sur l'enjeu économique et du rapport de force capital-travail doit rappeler que l'enjeu premier de nos sociétés reste avant tout les rapports de domination au sein du processus de production et que ces rapports de production ne sont pas figés ; qu'ils sont, au contraire, appelés à bouger.

Le refus de la fatalité doit, enfin, être la boussole de ce compromis historique, comme dans toute dynamique révolutionnaire, car la fatalité de notre époque voudrait que le chaos s'installe, que des affrontements communautaires perdurent, que le mouvement ouvrier ou populaire se divise sur des questions diverses. Elle n'est possible que dans l'unité des classes populaires et de l'ensemble du peuple, car cette unité est le seul prérequis nécessaire à la Réforme. Toute question qui viendrait parasiter cette unité devra être combattue et rejetée inlassablement même si des questions pertinentes devaient émerger. La désunion signifie que l'on laisserait gagner la fatalité, la discorde et l'aliénation. C'est d'ailleurs dans ce moment de vérité que se révéleront les faussaires des luttes, ceux qui préféreront porter le débat sur d'autres sujets ou l'hystériser plutôt que de le raisonner.

Pour l'instant et partout où cela est possible, des « Comité de la Participation » doivent se créer en se coordonnant à un « Comité national de la Participation » (CNP). Ces comités doivent être le creuset de débats sur la forme, l'étendue de l'association capital-travail. Cet ouvrage n'est qu'un point de départ pour que les citoyens et les partenaires sociaux puissent élaborer une participation qui soit la plus parfaite possible. Cette discussion ne doit en revanche pas diluer l'esprit de la participation, à savoir une modification structurelle de nos modèles de gouvernance des unités de production pour y faire entrer les salariés, une ouverture significative du capital des entreprises entraînant un mécanisme de redistribution des bénéfices et des plus-values vers les salariés, ainsi qu'une désintermédiation accrue dans le dialogue social et une traduction dans les institutions de la République d'un tel bouleversement. Tels sont les principes fondateurs de la participation qui ne peuvent disparaître sans dénaturer l'idée même de l'association capital-travail. De plus le débat sur les modèles de financement de l'économie et sur le choc productif doit entourer ces réflexions afin de pouvoir rendre viable tout modèle alternatif. La quadrature du cercle est de faire évoluer le capitalisme tout en traitant les effets secondaires ou de cascade d'une telle évolution liée à sa structure même.

Ces comités de la participation seront les modèles d'avant-garde de ce que doit être la philosophie de la Réforme à savoir des comités fortement décentralisés, avec l'établissement d'un lien organisationnel fort avec le Comité National afin que ce dernier soit informé des débats et qu'il puisse les synthétiser et qui seraient également des lieux de formation populaire et auto-entretenues. Ces lieux d'avant-garde doivent pouvoir former sur la participation mais également et surtout sur les mécanismes de l'économie de marché. La rationalisation du capitalisme financier ne peut s'organiser que par une connaissance la plus approfondie possible de celui-ci. Comme le Parti communiste en son temps était l'une des écoles politiques et économiques les plus poussées, les comités de la participation doivent pouvoir devenir des creusets de la compréhension de notre monde…et donc d'une alternative possible.

Enfin, ces comités doivent être le lieu du rassemblement de la Nation transcendant les blocs politiques, les consciences religieuses, les origines sociales, les hiérarchies, les âges. Ils donneront corps au compromis historique en étant le berceau d'une dynamique commune. Tout comme les réseaux de résistants (dans un autre temps) construisirent la fraternité militante entre communistes et gaullistes, les comités de la participation doivent construire une fraternité militante et républicaine renouvelée entre les républicains de tous les horizons : de gauche, patriotes ou du bloc central. Seule la conscience d'un destin commun peut permettre à la Nation d'enclencher le domino qui emportera une rupture aussi radicale que celle de l'association capital-travail. Le travail collectif est colossal pour surmonter les divergences d'un pays aussi fracturé que la France au terme du premier quart du XXIe siècle mais les ressources collectives peuvent et doivent être mobilisées pour atteindre cette refondation du capitalisme. C'est d'ailleurs ce qui a été tenté lors du mouvement des Gilets jaunes sur les ronds-points mais cela n'était pas suffisamment durable et pas suffisamment structuré pour s'installer dans le temps. Les comités de la participation doivent s'inscrire en revanche dans une temporalité aussi longue que nécessaire pour atteindre la transformation/refondation du capitalisme dans l'esprit décrit dans cet ouvrage.

Ces comités constitueront le test grandeur nature d'une démocratie participative renouvelée avec des consultations sur les orientations principales via des plateformes de consultation. Le Comité National de la Participation aura pour rôle de centraliser l'ensemble des contributions, de les synthétiser et de les soumettre à l'approbation des membres de l'ensemble des comités. Un travail de fond saura aussi s'engager avec la société civile et en particulier avec les syndicats pour que ces contributions y soient discutées afin que ces derniers se sentent le plus associés possible. Les comités peuvent d'ailleurs se décliner par entreprise et être le lieu du rassemblement syndical. Si des nuances peuvent exister, le monde du travail ne peut souffrir dans un moment aussi déterminant de dissensions structurelles qui troubleraient la réalisation de cette rupture fondamentale. Il est évident qu'une partie du syndicalisme français aura du mal à accepter un projet qui ne rompt pas totalement avec le capitalisme mais le risque de la marginalisation de cette partie existe tant il est probable que la participation soit plébiscitée par les travailleurs comme étant une synthèse imparfaite mais fonctionnelle entre l'efficacité productive et l'impératif de justice. Rien n'empêchera ensuite de réfléchir à un acte II de cette participation pour établir une appropriation totale des travailleurs de leurs moyens de production, cependant et au vu de la complexité de l'organisation économique mondiale le passage d'un mode totalement capitaliste à un mode totalement non-capitaliste apparaît comme une chimère et les salariés n'en sont pour l'instant pas convaincus de l'opportunité.

Enfin, la question du débouché politique de ce Comité National pour la Participation reste entière et est probablement la plus épineuse. Alors que le champ politique français ressemble à un champ de guerre entre trois blocs dorénavant irréconciliables et qui se neutralisent mutuellement, le projet de compromis historique et de rassemblement semble anachronique et totalement à rebours. C'est pourtant bien cette logique qui arrivera à sortir le pays de la paralysie dans laquelle il est plongé depuis 2022. Deux voies peuvent s'esquisser pour appliquer le compromis historique, d'une part il est possible de rejoindre l'un des trois blocs (probablement celui de gauche) et ensuite convaincre qu'il est possible d'ouvrir au bloc patriote et bourgeois un projet d'alliance. Cette possibilité a l'avantage de pouvoir s'appuyer sur des structures existantes mais nécessite de convaincre qu'elle est possible et surtout souhaitable. Elle nécessite de sortir de la croyance que les blocs peuvent gouverner seuls, pas évident. L'autre option est la création d'un espace commun de dialogue qui finisse par agréger suffisamment de puissance pour incarner une force de rassemblement autonome. Cette solution est bien plus audacieuse car elle signifie la création d'un espace politique totalement neuf. Le temps décidera laquelle de ces deux hypothèses se réalisera. La seule certitude : l'association capital-travail est une nécessité historique qui finira bien par s'imposer d'elle-même, la question n'est plus de savoir quand mais comment.

RÉFLEXIONS CIVILISATIONNELLES

Les populismes (Trump, Orban, Poutine) réussissent à imposer leur narratif car ils proposent une lecture civilisationnelle de l'évolution du monde. Ils défendent l'identité de l'Occident face à la mondialisation qui uniformise toutes les identités mondiales au sein du marché. Ce narratif simple fonctionne car il est vrai mais n'offre pas de solution si ce n'est un repli réactionnaire. Le compromis historique de la Réforme incarne, en revanche, une alternative civilisationnelle à la mondialisation libérale. L'association capital-travail n'est pas une vulgaire transformation technique du Code du travail ou du Code de commerce, il s'agit bien d'un projet de rupture complète avec l'ordre libéral tel qu'il s'est construit depuis bientôt 35 ans et de re-former la civilisation occidentale diluée dans le marché.

Ce projet civilisationnel est d'abord et avant tout une manière de reprendre le contrôle de nos vies et de nos destins collectifs. « Take back control » était le slogan utilisé par les partisans du Brexit en 2016 pour répondre à l'incarnation du néolibéralisme en Europe : l'Union européenne. La construction libérale donne l'impression que le contrôle n'est plus dans les mains du peuple, des gens, de l'humain mais dans celles des technostructures économiques (les multinationales), idéologiques (les médias, les lobbys) ou supranationales (l'UE, le FMI etc). Cette dépossession s'est entremêlée d'une défiance vis-à-vis des institutions classiques qui sont vues soit comme collaborant à celle-ci soit comme inutiles.

La réponse civilisationnelle de l'association capital-travail face à cette dépossession est celle de la réappropriation par le peuple, par les gens, par les humains, directement au cœur de l'infrastructure économique et la seule crédible pour le peuple car elle élimine tout intermédiaire (en particulier l'État) vu comme un agent de cette désappropriation. Être de nouveau souverain de son existence jusque dans son travail, voilà la réponse civilisationnelle qui redéfinira l'identité occidentale. Être de nouveau maître dans le royaume même de l'exploitation et de l'expropriation de la volonté humaine, voilà la magnifique solution qui doit être la nôtre, universelle et simple.

L'autre narratif structurant de la doxa populiste, c'est la liberté. Ce n'est pas un hasard si ce terme est récupéré par Donald Trump mais aussi par Eric Zemmour et les adeptes de la convergence des droites comme lors du Sommet des Libertés à Paris en juin 2025. Aux États-Unis, cette thématique est portée par un libertarisme assumé, en Europe si elle connaît un écho important c'est surtout pour répondre à une insécurité grandissante et à des libertés publiques de plus en plus menacées même si le marché empiète de plus en plus sur les libertés individuelles ce que les populistes se gardent bien de dire, trop apeurés de détruire ce marché qui est leur dernière certitude, se réfugiant dans la dénonciation d'un État trop obèse… qui n'est là que pour colmater les fuites d'un système instable.

L'association capital-travail est bâtie sur l'octroi de nouvelles libertés : liberté d'expression au sein de son atelier, liberté de participer à la direction de son entreprise et liberté de rentrer au capital de sa propre entreprise qui sont les trois piliers de l'*addendum.* Ces libertés doivent enrichir l'identité occidentale : le progrès humain qui a été le cœur même de notre identité depuis les Lumières doit de nouveau trouver une réalité. L'histoire de la France depuis qu'elle est devenue républicaine est un chemin sinueux du progrès humain qui libère l'Homme de ses différentes aliénations : la fin des privilèges, l'égalité devant l'impôt, les droits sociaux. La participation permet de retrouver ce chemin qui incarne l'idéal républicain.

De manière corollaire, le nouvel ordre économique ne peut exister que si l'ensemble des libertés publiques et individuelles sont renforcées et sanctifiées. Les partisans de la participation doivent devenir les chevaliers servants de la Liberté car comment imaginer la liberté d'expression au sein de son atelier si la liberté de conscience ou la liberté de pensée sont attaquées ou limitées ? L'ensemble des libertés est un tout qui s'enrichit par couches successives. Si l'association capital-travail vient s'y ajouter, c'est l'ensemble de l'édifice de protection des libertés qu'il s'agit de défendre. Elles sont le sceau spécifique et distinctif de l'identité occidentale moderne même si elles ont une portée universelle. Si nous voulons combattre efficacement les populismes et construire une réponse offensive vis-à-vis de toute tentative de repli, il est essentiel de rappeler ce qui fonde notre identité, notre grandeur et notre rayonnement tout en l'enrichissant et en le faisant vivre avec fierté.

La liberté et la filiation avec l'héritage des Lumières font écho à ce nouveau modèle économique qui réaffirme l'identité libérale de la démocratie. La Réforme ne peut prospérer que s'il existe une séparation stricte des pouvoirs, que si le droit des minorités est protégé, que s'il existe une information pluraliste, que si la raison est la seule à orienter nos pensées et nos actes. Face aux faussaires de la liberté que sont les populistes, elle restaure la magnificence des principes républicains hérités des Lumières en les actualisant et en les portant encore plus loin.

ILLUSTRATIONS

Illustration 1 : Schéma théorique de l'association capital-travail

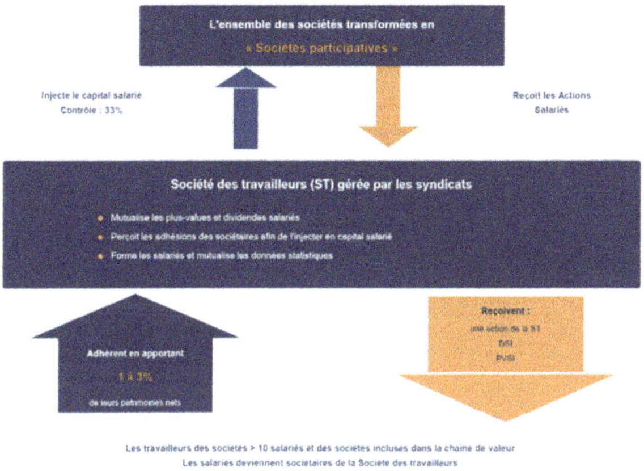

Illustration 2 : Contrôle et structure capitalistiques de l'association capital-travail (entités statutaires)

Contrôle actuelle

Contrôle imaginé

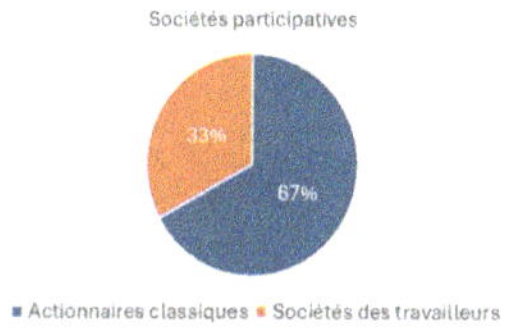

Structure capitalistique actuelle

Exemple d'une société ayant 100 actions valant 10 000€ et ayant 30 salariés

Nombre d'actions historiques	100
Valeur de l'action	10 000
Capital Total	**1 000 000**

Structure capitalistique imaginée

Nombre d'actions historiques	100
Valeur de l'action	10 000
Capital classique	*1 000 000*
Nombre de salarié= Nombre d'Action Salariée	30
Valeur unique de l'Action Salariée	5 100
Capital salarié	*153 000*
Capital total	**1 153 000**

Illustration 3 : Détermination du dividende salarié individuel

① *Détermination du contributif de la filiale*

❖ **Appliquer au montant de dividende distribué par la tête de groupe, une quote-part contributive de la filiale française au résultat du groupe** (l'EBIDTA ou le résultat opérationnel). Par exemple, si les filiales françaises ont contribué à hauteur de 20% de l'EBIDTA groupe, le contributif de la filiale française au dividende sera de 20%

② *Détermination du montant final*

❖ **Appliquer au contributif de la filiale, le ratio de 33%.**

Par exemple, si une société américaine réalise 20% de son EBIDTA Groupe en France et qu'elle verse 1m€ d'euros de dividende. Le contributif de la filiale française à son dividende groupe sera de 200 000€, elle devra donc verser à la Société des Travailleurs 200 000€*33% soit 66 000€

③ *Mutualisation et attribution d'un dividende salarié individuel*

❖ **La Société des Travailleurs mutualise l'ensemble des dividendes perçus au titre des points 1 et 2 qui finance la contribution aux pertes. Le reliquat est ensuite reparti entre chaque sociétaire.**

Il est attribué ensuite à chaque sociétaire un dividende salarié individuel (DSI) qui est la division des sommes perçues par le nombre de sociétaire, auquel on attribue les coefficients suivants:

- 0,25 à 0,75 suivant la santé financière des sociétés dans lesquels sont salariées les sociétaires
- 0,25 à 0,75 suivant la notation annuelle de responsabilité sociale des entreprises
- Bonus de 0 à 0,5 suivant l'utilité sociale du métier du sociétaire

Illustration 4 : Détermination du niveau de contrôle des salariés dans les sociétés tête de groupe ou cotées en France

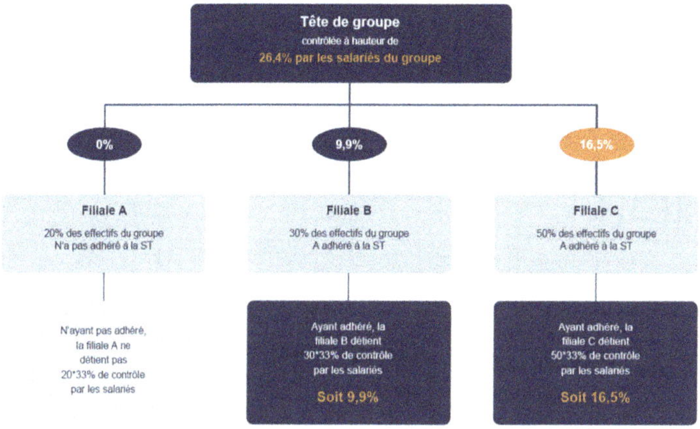

Illustration 5 : Participation des salariés aux organes de gouvernance

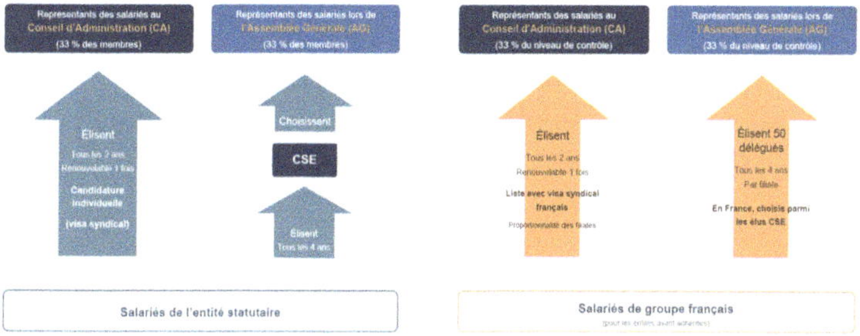

Illustration 6 : Réforme du Sénat

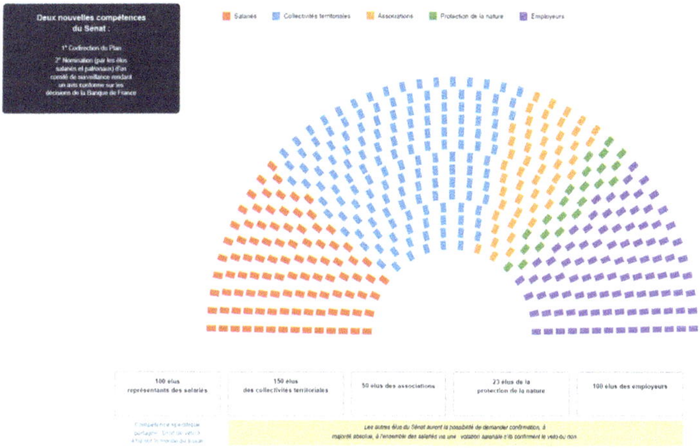

Illustration 7 : Schéma des 3 piliers de la participation

Illustration 8 : Mécanisme assurant la viabilité de la Réforme

Revue « Marché et Organisations »

Promouvoir la recherche originale sur les relations de plus en plus étroites entre le marché et les organisations. Les acteurs économiques de taille, de puissance et de pouvoir différents dont les intérêts peuvent être convergents, complémentaires ou, le plus souvent, antagoniques, ont tendance à organiser les marchés. La raison du marché, pourtant, est la référence stratégique pour l'entreprise ainsi que pour les institutions publiques de décision économique.

N°6 : Entrepreneuriat et accompagnement. Outils, actions et paradigmes nouveaux, 2008
N°7 : Développement durable des territoires. Economie sociale, environnement et innovations, 2008
N°8 : Développement durable et responsabilité sociale des acteurs, 2009
N°9 : Gouvernance : exercices de pouvoir, 2009
N°10 : Le travail collaboratif. Une innovation générique, 2009
N°11 : Economie sociale et solidaire. Nouvelles trajectoires d'innovations, 2010
N°12 : Relations à la marque et marques de la relation. Regards croisés sur le management relationnel de la marque, 2010
N°13 : Les contrats au service de la recherche ?, 2011
N°14 : Le potentiel économique de l'Afrique subsaharienne, 2011
N°15 : Management de la distribution, 2012
N°16 : Territoire Vert. Entreprises, Institutions, Innovations, 2012
N°17 : Eco-conception, conception et innovation. Les nouveaux défis de l'entreprise, 2013
N°18 : Intelligence économique : entreprises et territoires, 2013
N°19 : La finance globale. Un monde fini, 2013
N°20 : La crise du « développement », 2014
N°21 : La Chine innove. Politiques publiques et stratégies d'entreprise, 2014
N°22 : Go East! Nouvelles Economies de Marché, 2015
N°23 : L'économie du changement, 2015
N°24 : Le temps des artisans. Permanences et mutations, 2015
N°25 : Innovations de proximité et esprit d'entreprise, 2016
N°26 : L'avenir des économies du Maghreb : entre inertie structurelle et envie de rupture, 2016/3 (n° 27)
N°27 : Le sport aux frontières du marché du travail, 2016
N°28 : Dynamiques internationales des entreprises, 2017
N°29 : L'univers du risque, 2017
N°30 : Les petites entreprises dans l'histoire industrielle, 2017
N°31 : Economie sociale et *social business* ? Au défi d'entreprendre et se financer, 2018
N°32 : Éducation et fertilisation des économies africaines, 2018
N°33 : L'entrepreneuriat innovant dans les pays du Maghreb, 2018
N°34 : L'entrepreneuriat scientifique : institutions et innovation, 2019
N°35 : Le champ économique de la culture, 2019
N°36 : Economie sociale et solidaire ? Modèles d'innovation et modes de gouvernance, 2019
N°37 : Rethinking Luxury Business, 2020
N°38 : La santé connectée. Nouvelles technologies et réorganisation des soins, 2020
N°39 : Options stratégiques et systèmes complexes d'innovation, 2020
N°40 : Les services : intégration des systèmes productifs et lien social, 2021
N°41 : Crise pandémique, crise globale. Réalité et controverses théoriques, 2021
N°42 : La crise de la covid-19. Le marché et les organisations en perspective, 2021
N°43 : (Re)faire système. *Bug & reset*, 2022
N°44 : Aléas du marché et management du risque, 2022
N°45 : Le renouveau du transport et de la logistique : les systèmes d'information, 2022
N°46 : Entrepreneuriat et innovation dans l'enseignement supérieur, 2023
N°47 : Le tourisme créatif. Culture, créativité, patrimoine, management, 2023
N°48 : L'Afrique : questions de performances, 2023
N°49 : *Fintech* en sciences du management, 2024

https://www.cairn.info/revue-marche-et-organisations.htm

Collection « L'esprit économique »
fondée par Sophie Boutillier et Dimitri Uzunidis en 1996

Dernières parutions

► ***Série Economie et Innovation***
M. TOMAS, *Gouvernance territoriale et développement économique au Maroc : l'opportunité d'une étude économétrique*, 2025.
R. GUILLET, *Le fruit du travail : inverser la logique*, 2026.
P. MOLEKA, *Au-delà du PIB : vers un indice de prospérité durable, inclusive, culturelle et spirituelle*, 2026.
T. MICHAUD, *La science-fiction : anticiper le présent, imaginer le futur… innover*, 2026.
► ***Série Le Monde en Question***
E. FAKABA SISSOKO, *L'État, le marché et la fragilité : dynamiques croisées de l'investissement public et privé dans l'Alliance des États du Sahel (AES)*, 2025.
Ch. PROVIDENCE, *Développement durable dans la Caraïbe francophone : économie, culture et politique sociales face aux enjeux territoriaux*, 2025.
J. O. IGUE, *L'économie du Bénin : de l'indépendance à l'ère de la rupture : 1960-2026*, 2026.
A. EL HAJRI, *Intelligence économique territoriale en Afrique : stratégies de résilience, d'entrepreneuriat et de développement international*, 2026.
J.-C. MATONDO, *Inflation post covid-19, guerres commerciales et chaîne alimentaire mondiale - TOME 1 Inflation alimentaire post covid-19 et zone euro*, 2026.
J.-C. MATONDO, *Inflation post covid-19, guerres commerciales et chaîne alimentaire mondiale - TOME 2 Guerres commerciales us et inflation alimentaire*, 2026.
► ***Série Krisis***
V. SOYER, *Critique de la théorie contemporaine de la valeur*, 2024.
E. CARREY, H. LANDIER, *De l'économie financière à l'économie du sens et du soin*, 2025.
J.-E. BRUNIE, *Faire le choixce : Une monnaie universelle pour réparer le capitalisme et protéger le vivant*, 2026.
H. MADOUCHE, *Le sous-développement durable : les pays en « voie de développement » se sont trompés de voie !*, 2026.
► ***Série Clichés***
B. S. BONBON, *Géométrie parabolique tridimensionnelle ou perspective parabolique*, 2023.
S. BOUTILLIER, B. LAPERCHE, S. T. K. LE, *Ports industriels en transition : De l'économie circulaire à la décarbonation*, 2024.
B. HAGIARIAN, *En route vers le capitalisme*. Suivi de *Qu'est-ce qu'un supermarché ?*, 2025.
► ***Série Cours Principaux***
Y. KEHO, F. B. DOUCOURE, *Économétrie des données de panel : rappels de cours et applications avec Stata*, 2025.
Z. T. M. VAHI, *Modélisation du risque de crédit bancaire/ Les enjeux de la norme IFRS 9*, 2025.
M. Y. EL ALAOUI ISMAILI, J. AYEGOU, B. GBAOUI, *Méthodologie de recherche en sciences économiques : réussir sa thèse et son mémoire de fin d'études*, 2026.
M. KUENGIENDA, *Qu'est-ce que l'économie ? Introduction aux théories économiques*, 2026.
► ***Série L'économie formelle***
J.-N. COTTIER, *Les financières de l'immobilier locatif : SCPI, OPCI (SPPICAV et FPI) et SIIC*, 2025.
O. S. AWAL, *Fiscalité, financement structuré et le rôle du leveraged buyout : théories financières, nouvelles approches de valorisation et application aux économies émergentes*, 2026.
Y. DOSQUET, *Monnaie et raison d'État : une histoire de l'argent dans les civilisations occidentales. Volume I. L'Antiquité*, 2026.
Y. DOSQUET, *Monnaie et raison d'État : une histoire de l'argent dans les civilisations occidentales. Volume II. Le Moyen Âge*, 2026.
Y. DOSQUET, *Monnaie et raison d'État : une histoire de l'argent dans les civilisations occidentales. Volume III. La Modernité*, 2026.
E. PAGET-BLANC, F. SOUISSI, S. SOUISSI, *La dette publique : monétisation, notation et restructuration ?*, 2026.

Structures éditoriales du groupe L'Harmattan

L'Harmattan Italie
Via degli Artisti, 15
10124 Torino
harmattan.italia@gmail.com

L'Harmattan Hongrie
Kossuth l. u. 14-16.
1053 Budapest
harmattan@harmattan.hu

L'Harmattan Sénégal
10 VDN SICAP AMITIE 3
BP 45034 Dakar-Fann
direction@senharmattan.com

L'Harmattan Cameroun
Tsinga/Derrière polyclinique FECAFOOT
BP 11486 Yaoundé
Jacques.koukam@harmattan.fr

L'Harmattan Burkina Faso
Villa 281, secteur 23 623, rue 14.32
Ouagadougou
zagbie@outlook.fr

L'Harmattan Guinée
Almamya, rue KA 028 OKB Agency
BP 3470 Conakry
harmattanguinee@yahoo.fr

L'Harmattan RDC
185, avenue Nyangwe
Commune de Lingwala - Kinshasa
matangilamusadila@yahoo.fr

L'Harmattan Congo
219, avenue Nelson Mandela
BP 2874 Brazzaville
deunovmikhael@gmail.com

L'Harmattan Mali
Immeuble Mgr Jean Marie Cissé
Aci Hamadallaye
BP 145 Bamako
syllaka@yahoo.fr

L'Harmattan Togo
Djidjole - Maison Amela
face EPP BATOME
02 BP 20680 Lomé
didieramela11@gmail.com

L'Harmattan Côte d'Ivoire
Résidence Karl - Cité des Arts
Abidjan-Cocody
03 BP 1588 Abidjan
harmattan.ivoire@gmail.com

L'Harmattan Bénin
Rue 604, (Immeuble à l'entrée
de la rue UCAO- Cite de Saint-Jean)
Cotonou
stepcorpus@gmail.com

Nos librairies en France

Librairie internationale
16, rue des Écoles
75005 Paris
librairie.internationale@harmattan.fr
01 40 46 79 11
www.librairieharmattan.com

Librairie des savoirs
21, rue des Écoles
75005 Paris
librairie.sh@harmattan.fr
01 46 34 13 71
www.librairieharmattansh.com

www.ingramcontent.com/pod-product-compliance
Lightning Source LLC
LaVergne TN
LVHW050818061126
851857LV00012B/864
9782336640914